いま、人間関係に悩んでいる

ひび割れさんの本

一般社団法人倫理研究所
法人局法人スーパーバイザー

塩川哲郎

啓文社書房

まえがき

人の数だけ悩みがあるといわれますが、実は、人間の悩みは、いずれも次の4つに分けることができます。

- 仕事
- お金
- 人間関係
- 健康

そのなかでも、本書では、これからお話しする『七つの原理』を紐解《ひもと》いて「人間関係」の悩みの解決をテーマにしています。

社会人であれば、苦手な人とも関わる必要が出てきます。上司や部下との間で好き嫌いは言っていられません。その一方で、現代ほど人間関係のトラブルによって

「ひび割れ」が生じている時代はないと私は考えています。
それは、次のような理由からです。

1．コロナ禍のリモートワークによって、対面で仕事をする機会が減っている。
2．SNSの登場によって、直接会ってやりとりをするのではなく、メッセージ機能で「報《ほう》・連《れん》・相《そう》」（報告・連絡・相談）を行っている。
3．ファッションやエンターテインメントの幅が広がり、同じ世代でも価値観が多様化している。
4．会社でも家庭でも「叱る」機会が減り、部下を怖がる上司が増えている。
5．SNSでの何気ない投稿がすぐに炎上するなど、常に社会の目を感じ恐れている。

一言でいえば、「私たちは共通言語のない社会を生きざるを得なくなっている」のです。

善し悪しは別としても、以前は当たり前に存在していた家庭や職場の人間関係における秩序は、もうありません。対人関係が今ほどフラットになっている時代はかってなかったでしょう。これらの〝人間関係に悩む人〟のことを、私は「ひび割れさん」と呼んでいます。

私の考える「ひび割れさん」の定義は、人間関係に何らかのトラブルを抱えている人のことです。

ひび割れが生じていると、仕事や学業、家庭、友達付き合いなど、生きる上でさまざまな悪影響があります。しかし、ひび割れさんのなかには、その原因が「人間関係」にあることに気づいていない人も少なくありません。

ひび割れさんには、次のような特徴があります。

- **他人の言動を気にしすぎる**
- **他人の言動によって、すぐ傷ついてしまう**
- **傷ついた言葉をいつまでも引きずる**
- **周囲の目を気にしすぎて思っていることをいえない**
- **自分のせいではなく、他人のせいにする**
- **ついつい遠慮して行動できない**

本書は、そんな人たちを救いたい想いで書いた本です。

現代社会は、人間関係による、心の〝ひび割れ〟が生じるきっかけに溢れています。

ガラスのコップにいきなり熱いお湯を注ぐと「パキン」とひびが入りますよね。それと同じような危険が、私たちの生活の随所に潜んでいるのです。

この本では、そんな危険を回避し、たとえ心がひび割れてしまったとしても、すぐに修復するための考え方や方法をお伝えします。

とはいえ、ノウハウをお伝えするのではありません。本書でお伝えしたいのは、私たちの生きているこの世界の秩序、原理についてです。

私たちは、毎日同じような日々を送っているように思えますが、実はまったく違う毎日を過ごしています。毎朝8時に家を出て会社に行くにしても、ある日は雨が降っていたり、電車が遅れたり、寝坊して慌てて家を出たりもするでしょう。同じように見えて、同じ一日などありません。

しかし、一定の習慣のなかで生活しているのも確かです。それは秩序と言いかえてもいいでしょう。視点を少し上に上げて日々の生活を見てみると、毎朝太陽が昇り、夕方になると日が沈みます。私たちは朝起きて活動を始めます。なかには昼、夜に起きるという人もいるかもしれませんが、目が覚めて活動をし、また眠るという営みは同じです。

このように、私たちは一定の法則のもとで動いていることが分かります。月は28日周期で満ち欠けを繰り返し、日本には春夏秋冬という四季があります。一つひとつを見るとバラバラでまったく違うもののように見えたとしても、実は大いなる秩序のもとに動いているのです。

自然界に存在するその秩序は、私たちの毎日の暮らしに落とし込むことができます。本書でお伝えするのは、自然の秩序を暮らしに適用し、理解することによって、心のひび割れを修復する方法です。

原理とは、先人の知恵の集合体であり、私たち人類が一歩先に進化するための知恵ともいえます。とても長い時間をかけて仮説が実証され、反論され、精査され、普遍的な「原理」となるわけです。

原理を知ることによって、私たちは人生に迷わなくてすみ、大きくショートカット（近道）することができます。なぜなら、まったく解けない問題をゼロから考えるのではなく、定理や公式を使って解くことができるようになるからです。

本書は、私が所属している倫理法人会がテキストとしている『万人《ばんにん》幸福の栞《しおり》』の、さらに根幹となる『七つの原理』をベースに書き進めました。**倫理法人会**とは、やってみるとその正しさが分かる、生き方の法則を学ぶ経営者の会です。「企業に倫理を、職場に心を、家庭に愛を」をスローガンとし、全国でおよそ7万社が、早朝から行われるモーニングセミナーや倫理経営講演会などの活動に参加しています。倫理法人会の創設者である**丸山敏雄**先生がさまざまな体験と自然を観察しながら発見した原理を元に、現代社会の暮らしに落とし込みました。また、私が体験してきたことなども書かせていただきました。

シンプルな原理がゆえに深く、解釈が難しい部分もありますが、毎日の暮らしに役立てられるよう、噛み砕いて書いたつもりです。

あなたの心のひび割れを一瞬で修復する、瞬間接着剤の役割を本書が果たせれば幸いです。

いま、人間関係に悩んでいる

ひび割れさんの本

［目次］

第1章

すべては見えない世界でつながっている

全一統体の原理

第2章

「でも大丈夫！」と声に出そう

発顕還元の原理

第3章

気づいたことは、すぐに行動に移す

全個皆完の原理

第4章

労働ではなく、喜んで働く

存在の原理

第5章

相手の話を最後まで聴く

対立の原理

第6章

一日一回、同じ時間に同じことをする

易不易の原理

第7章

自分を整えると自然と調和する

物境不離の原理

第1章

すべては見えない世界でつながっている

全一統体の原理

いつも人の顔色を
うかがってしまう

私たちは人と関わりながら生きています。煩わしいから一人で生きていきたいと思ったとしても、一人では生きていくことはできません。私たちは農家の方が作ってくれた作物を食べていますし、毎日何気なく使っている電気や水道は、それを管理してくれている人がいるからこそ、不自由なく使うことができています。

このように、さまざまなところで私たちは他者と関わりあって暮らしています。だからこそ、人間関係で悩むことが非常に多くなるのです。特に、関係性が近しい家族や仕事仲間との問題で悩んでいる人は、とても多いと思います。

・何かを決断するとき、いつも親の顔色をうかがってしまう
・同僚に挨拶しても無視される

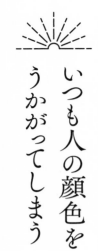

・上司から嫌がらせをされて、精神的に追い詰められている

また、子どもが学校で問題ばかり起こすようになった、不登校になったなどというような自分自身の問題以外の悩みを抱える人も多いことでしょう。このような人間関係の悩みは、尽きることがないようにも思えます。そして、これらを解決するのが、最初にご紹介する**全一統体《ぜんいっとうたい》の原理**なのです。

全一統体の原理は、これからご紹介する『七つの原理』のなかでも特に重要な原理で、『七つの原理』の根幹をなすものです。

全一統体の原理について理解できれば、「どうしてあんなに悩んでいたのだろう?」と不思議に思えるほど、見える世界が変わっていくことでしょう。

全一統体の原理を理解することで、このあとに続く原理への理解や『万人幸福の栞』への理解が飛躍的に深まります。

「全一統体の原理」とは？

全一統体の原理とはどういったものなのでしょうか？

存在するすべてのものは独立して存在しているように見えるけれど、そうではない。すべてが関わり合っていて、単独で存在しているものなどない。

つまり、「この世界に存在するものは、すべてつながり合っている」というのが、**全一統体の原理**です。

ここに、コーヒーが入っているカップがあるとします。コーヒーという液体はカップに入って存在しており、そこにカップがなければ流れ出てしまいます。そう考えると、コーヒーとカップは、互いに関わり合って存在しているといえます。

また、カップはテーブルの上に置かれており、テーブルは床の上に置かれています。テーブルも床も、単体で存在することはできず、必ず何かと関わり合ってそこに存在していると考えることができます。

織物をイメージしていただくのも、分かりやすいかもしれません。織物は、縦糸と横糸が合わさって一枚の布を構成しています。そしてその織物も、保管するときには箱や棚に収納されるわけですが、ここでは織物と箱や棚が関わり合っています。仮に織物が単独で存在するとなると、織物は宙に浮くことになりますが、それはあり得ません。

このように、「すべてのものは関わり合って存在している」というのが、**全一統体の原理**の考え方の基本です。

この原理は、人にも適用されます。私とあなた、あなたと家族や友人も、すべてつながり合っていて、そして「一つ」である、ということになります。

さらにいえば、人と人だけではなくて、人と物もつながり合っていると考えるのが、この原理です。

ここで一つの疑問が湧きます。もしも自分と他人が一つなのであれば、どうしてこんなにたくさんの人が存在する必要があるのでしょう？　みんながそれぞれの人生を歩む必要はなくて、人間は一人いればいいように思えてきます。

また、人々が関わり合っているのなら、テレパシーのように、他人が考えていることを知ることもできそうです。

しかし現実的には、お互いが考えていること、思っていることを共有することはできません。

持ち物をなくして、どこかにやってしまうこともあります。もし物と人がつながっているのなら、その物の在処もすぐに分かりそうなのに、そうはなりません。

「すべては一つ」とは、どういうことか？

理解を深めるためには、私たちに見えている世界と、私たちには感知できない世界という、2階建ての世界をイメージする必要があります。

「すべては一つ」の「一つ」は、私たちが感知できない次元のことなのです。


飛行機に乗っているときをイメージをしてみてください。高度何千メートルという高さにくると、地上にいるときは等身大に見えるたくさんの人が、ほとんど見えないくらい小さくなってしまいます。

そして、高いところからは街全体が見渡せます。地上にいるときには見えないビルの裏も、山の向こうの街も、高いところからは、はっきりと見渡すことができます。

いつも渋滞している道路には、車が連なっているのが見えるでしょう。天気によっては、雨が降っているところと晴れているところの境目まで見えることもあります。

地上にいるときには、「急に日が陰ってきたな」「突然雨が降ってきたな」と感じるものですが、高いところにいると、「雲が流れてきたからこの場所が日陰になっているのか」というように、その仕組みがはっきりと分かるようになります。

さらに視点を高くして、地球から飛び出してみます。宇宙から地球を見てみると、地球は一つの球体の形をしていることが分かります。

このように視点を変えていくと、まったく別々の存在だと思っていたものが、一つの大きな塊《かたまり》のなかに存在していることが見えてくるのです。

潜在意識と集合意識

私たちの意識には、潜在意識と顕在意識があります。

普段物事を考えたり、何かを思ったり感じたりするのは顕在意識。顕在意識のさらに向こうには、私たちが普段意識していない意識、潜在意識があります。

そして実は、それだけではありません。その奥には、「集合無意識」があると考えられています。


山を例にして、説明してみましょう。

山はそれぞれ別の山であっても、山脈としてつながっています。山脈は大陸とつながっています。

意識も同じで、私たちの意識は、普段は別々のものであっても深いところで他者

①【顕在意識】普段の生活のなかで自覚できている意識
②【潜在意識】自覚されることなく、行動や考え方に影響を与える意識
③【集合無意識】個人の経験の領域を超えた人類に共通の無意識領域

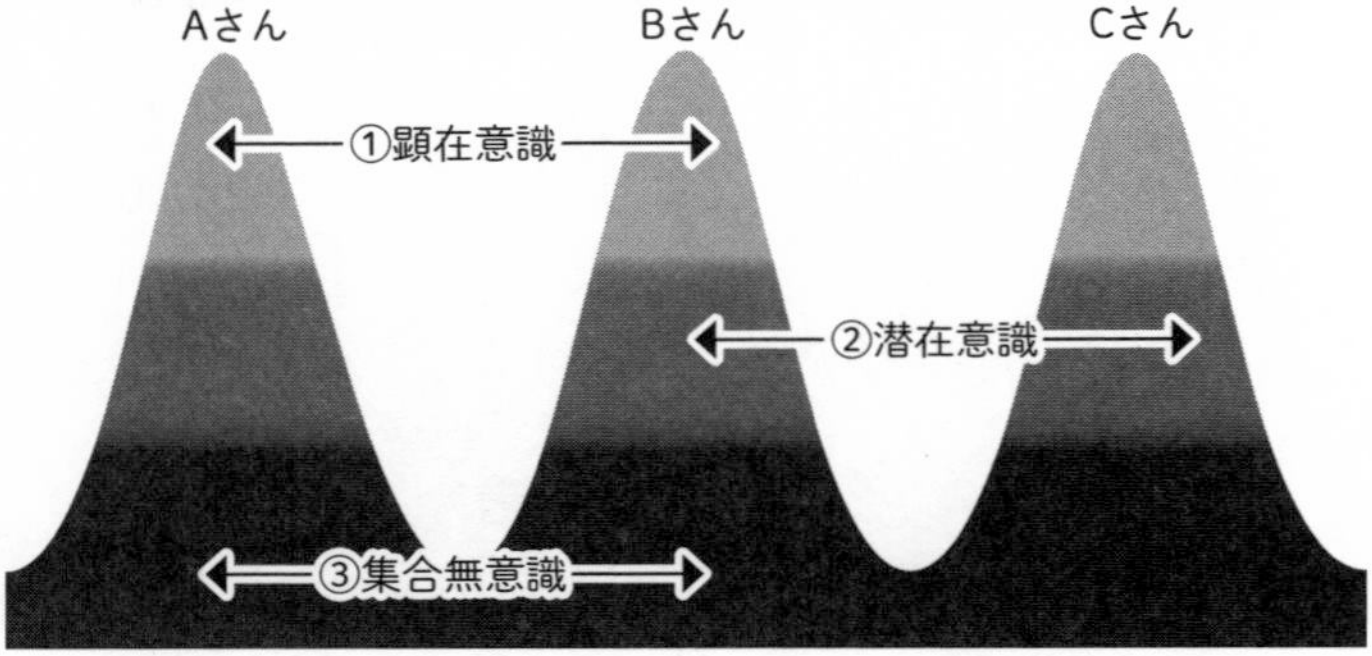

とつながり合っているのです。それを「集合意識」とか「集合無意識」と呼んだりしているのです。ここにも、全一統体の原理が表れているといえるでしょう。

集合意識があると考えられる根拠の一つとして、「101匹目の猿」というお話を紹介しましょう。

宮崎県の幸島《こうじま》という島には、ニホンザルが棲息《せいそく》しています。彼らのうちの一頭が、芋《いも》を洗って食べることを覚えました。それを見ていた他のサルたちも、真似をして芋を洗って食べるようになりました。

やがて幸島で芋を洗って食べるサルの数が閾値《いきち》（境界となる値）を超えると、幸島とは物理的に距離が離れた大分県の**高崎山のニホンザル**が、同時多発的に芋を洗って食べるようになったというのです。

これが「101匹目の猿現象」と呼ばれるもので、何らかの行動や考えを持つ存在が一定数を超えることで、まったく関連のないように見える別の場所でも、同じ行動や考えを持つ存在が発現すると考えられています。

101匹目の猿と同じ現象は、さまざまなところで見られています。例えば100メートル走のタイムは、**1912年には10秒6**が世界記録でした。10秒を切るのは非常に難しいとされ、「10秒の壁」という言葉も生まれました。

ところが1990年代に10秒を切る選手が出ると、そこから10秒を切る選手が続出。今では、100メートル走で10秒を切ることは、昔ほど困難なこととは見なされていません。

これもまた、集合意識があることの一つの根拠といってもいいのではないでしょうか。

量子力学と「全一統体の原理」

実はこの**全一統体の原理**は、今や科学的に証明されようとしています。それが、量子力学です。

量子力学の世界では、量子は常に振動しています。振動しているということは、固有の周波数を出しているということです。そして、この周波数は共鳴し合います。よく「波長が合う」といいますが、それはまさに量子レベルで共鳴しているからなのです。

このようにして視点を変えてみると、私たちはすべてつながっているということが、腑《ふ》に落ちてくるのではないでしょうか。私たちの顕在意識が感知できていないだけで、私たちは深いところではつながっているのです。

自分と他人を別物として考えると、「あの人とは気が合わない」「あの人の考えは自分とは違う」というふうに区別し、分断してしまいます。しかし、「すべてはつながっていて一つである」という考え方を念頭に置いて、人間関係や人生で起こる困ったことを見ていくと、面白いことが分かってきます。

自分の周りに起きていることは自分に起きていることであり、自分に起きていることは、自分の周りでも起きているということが見えてくるのです。

自分の考え方を変えると、周囲の態度が変わる

私は今、鹿児島県に住み、**公益財団法人かごしま環境未来財団**の理事兼事業課長やNPO法人地球環境フォーラム鹿児島の事務局長や、鹿児島国際大学の非常勤講師、**株式会社Ｃｏａｃｈ喜働**という会社の代表取締役など、さまざまな仕事をさせていただいています。

結婚後は、1人の息子と2人の娘に恵まれました。今は3人とも結婚して自立しています。現在は、妻と子どもたち、子どもたちのパートナーや孫との関係はとても良好です。しかし、子どもたちが小さい頃はそうではありませんでした。この本で紹介する原理を知る前の私はとても怒りっぽく、支配的でした。子どもが、遊び道具の片づけをしていなければ「片づけろよ！」と怒鳴ることもしょっちゅうでした。

それが、自分自身のネガティブな感情や観念からの言動であることに気づいた私は、子どもに対する向き合い方を変えてみることにしました。自分自身が抱える恐れから行動をしたり、言葉を発したりするのではなく、愛情から行動や言動をしてみることにしたのです。

そうすると、「お父さんに言われるとカチンとくるかもしれないけど、片づけたほうがいいと思うよ」と、穏やかに言えるようになりました。時には「手伝おうか？」と言って、片づけに参加することもあります。

怒鳴っていた頃は、反感を買うだけで子どものやる気も削《そ》いでいましたが、こうした言い方だと、子どもたちは「そうだよね」とスッと受け入れてくれます。そしてその後も、穏やかに会話が続いていくのです。

愛で語ると、愛が返ってきます。恐れで発したことには恐れが返ってきます。このことが理解できてからは、子どもたちとの関係もとてもよくなりました。

娘を問題児にしてしまった犯人は、自分だった

私の友人に、三姉妹を子どもに持つ男性がいます。彼と上の子ども2人は親子関係が良好だったようなのですが、3番目の娘さんとは非常に関係性が悪く、悩んでいました。家で顔を合わせても挨拶もしてくれないし、もちろん話しかけてくることもなかったようです。

そんな態度にイライラして、ひどいときには娘さんを怒鳴ってしまったこともあったといいます。

倫理法人会では、自分よりも長く学んでいる指導者に相談できる「倫理指導」というシステムがあります。そこで、彼は自分の先輩にこのことを相談しました。すると、相談した人からこんな質問をされました。

「あなたは、その子が生まれるときにどう思っていたの？」

そこで彼は、娘さんが生まれるときにどんなふうに感じたかを思い出してみることにしました。すると、自分が若い頃に野球をしていたこともあり、三人目はぜひ男の子が欲しいと思っていたことを思い出したそうです。

「大きくなったらキャッチボールもしたいし、できれば野球をしてほしい」。そんなふうに思いながら出産を楽しみに待っていたところ、生まれてきたのは女の子だった。

そこで彼は非常にがっかりして、産婆さんから「赤ちゃんと一緒に写真を撮りましょう」と勧められたにも関わらず、「いえ、私はいいです」と言って家に帰ったそうです。

「それが、娘さんが反抗的な原因ですね。自分が父親から望まれていないということを、お母さんのおなかのなかにいるときから分かっていたのでしょう。だから、無意識のうちにあなたに反抗するようになってしまったんじゃないですか？」

指導者の方にそう指摘されたとき、私の友人は泣き崩れたそうです。「なんて娘に申し訳ないことをしていたのだろう、原因は自分にあったのか……」と、その日は涙が止まらなかったといいます。

その翌日から、原因は自分にあることを自覚して、接することを心がけました。するると娘さんの様子が一変しました。これまで挨拶もしなかったのに、登校時には彼に笑顔で「行ってきます」というようになったそうです。その日を境に、友人とその娘さんは、今までては考えられないくらい関係性が良好になったそうです。友人はとても喜んでいました。

こんなふうに、自分の内面のゆがみに気づくことができれば、現象である現実は変わっていくのです。

「心配」からは、よい人間関係は作れない

私の父は、非常に厳しい人で、私が子どもの頃には、ずいぶんと厳しくしつけられたものです。

やがて私も大人になり、結婚して子どもが生まれましたが、父は私の子どもである孫に対しても強い口調で叱ることがありました。子どもたちも、「おじいちゃんのところでご飯を食べるときは緊張する」とよく話していました。

そしてある日、子どもたちが私にいうのです。

「お父さんの怒り方って、おじいちゃんにそっくり」

それどころか、「お父さんの怒り方は、おじいちゃん以上に嫌ないい方だったよ」とまで言うではありませんか。それを聞いて、私はひどくショックを受けました。

しかし思い返してみると、確かに、子どもたちと和やかに過ごしているときであっても、子どもたちが行儀の悪いことをすると、途端に人が変わったように「行儀が悪い！」とか、「何回いえば分かるんだ!?」と、私は子どもたちに怒鳴っていたのです。

子どもたちは叱られた恐怖で硬直し、楽しく和やかだった場の空気も一変して、重く、ピリピリしたものになってしまう。そんなことが多々ありました。

私はずっと、「しつけとはそういうものなんだ。俺は悪くない」と思っていましたが、改めて考えてみると、明らかに私の行動は私自身の「恐れ」からくるものでした。

私は、「よその家で食事をするとき、行儀が悪いと我が家の恥になる。大きくなったらきっと子ども自身が困るに違いない」と思っていました。この「恥ずかしい」「子どもが困る」という不安や恐れが、子どもたちを怒鳴りつける大きな理由になっていたのです。

子どもは、恐れから親がこうした行動に出ているとは思いません。それに、親が未熟であるとしても、子どもは気づくことができません。そのために、子どもは「自分がダメだから叱られるんだ」「怒鳴られて当然なんだ」というふうに自分自身を否定し、劣等感を抱くようになるのです。

親が抱いている恐れや子どもの頃に抱いた劣等感は、次の世代に受け継がれていってしまいます。恐れや不安などのネガティブな思いからの行動は、よい人間関係を構築できないのです。

そのため、劣等感という恐れを植え付けられて育った子どもたちが大人になると、自分が親からされたことと同じことを、自分の子どもにもしてしまうことがあります。私がそうであったように。

こうして、親が抱いている恐れや子どもの頃に抱いた劣等感は、次の世代に受け継がれていってしまいます。恐れや不安などのネガティブな思いからの行動は、よい人間関係を構築できないのです。

人間の原点は「愛」か「恐れ」しかない

「今日は何を食べようかな」「明日はゆっくりしようかな」など、私たちは日々、頭のなかでもう一人の自分と会話をしています。目が覚めた瞬間から会話は始まっていいます。「寒いなあ」とか「あと15分寝ようかな」といった日常のたわいもない選択や悩み事から、大きな決断に至るまで、さまざまな会話を重ねています。

実は、こうしたすべての思考や言動を突き詰めていくと、2つの感情にたどり着きます。それは、「愛」と「恐れ」です。

人の言動は、愛からくるものと、恐れからくるものの2つに分かれるのです。

愛とは、自分のことをありのまま尊重することです。ありのままですから、当然、

人の思考言動の原点は「愛」か「恐れ」の２つしかない

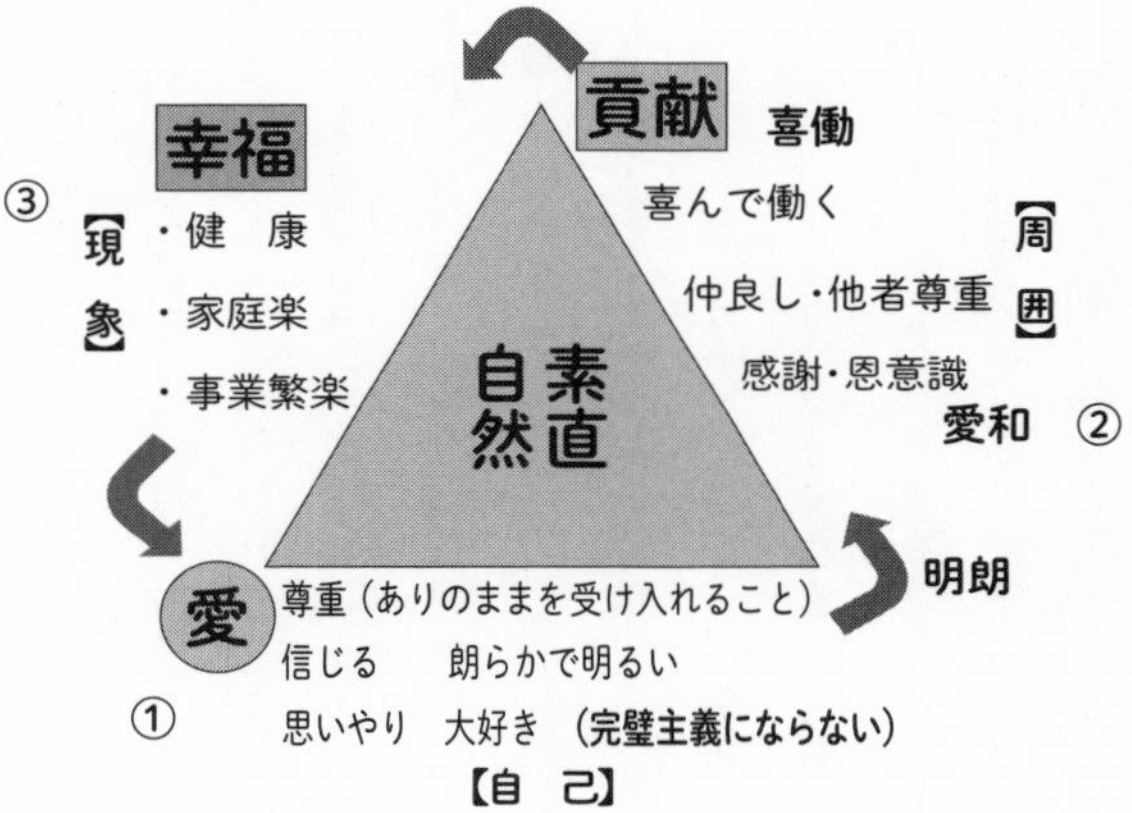

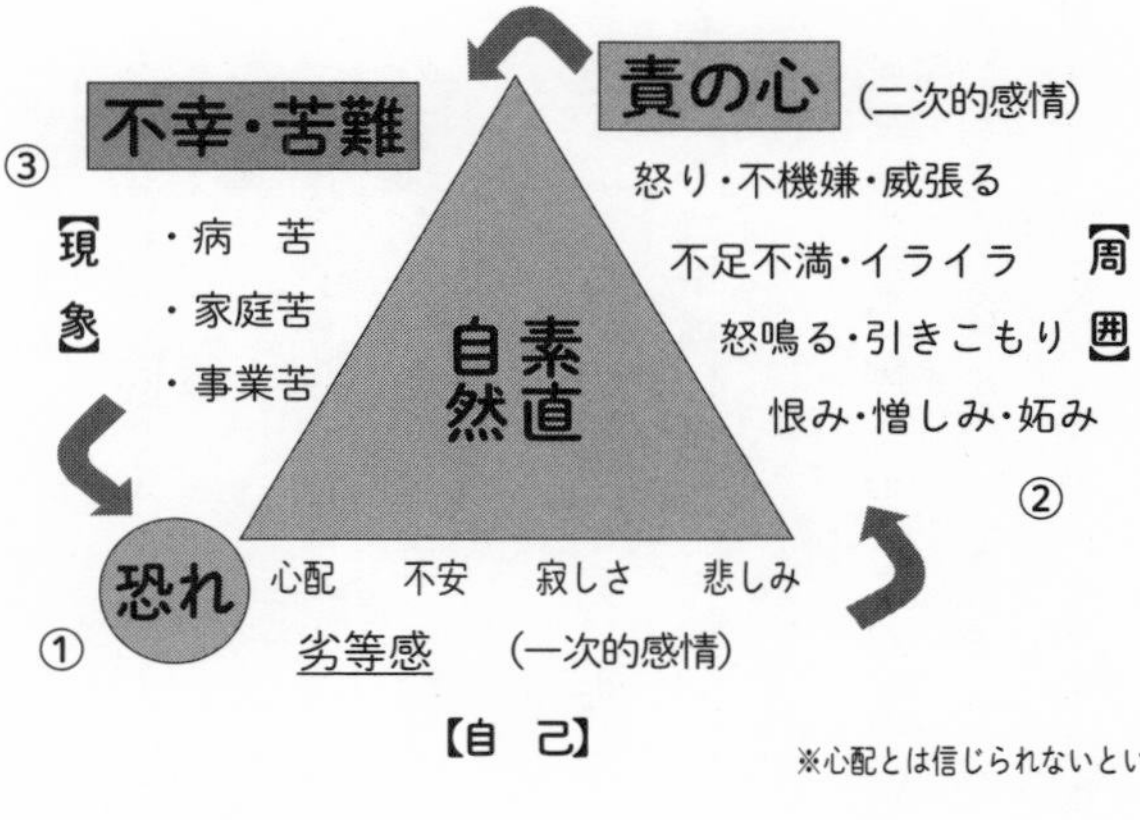

※心配とは信じられないということ

短所や欠点はあります。しかし、それも含めて、ありのままの自分を受け入れるということです。

ありのままの自分を受け入れることができるようになると、同じように他人のことも、そのまま受け入れられるようになります。

また、状況に対しても同じです。「もっと収入があれば……」「もっと若ければ……」などというような「欠けたところ」を見るのではなく、ありのままの状況を「自然なもの」として受け入れられるようになっていきます。

ありのままを受け入れ、尊重することができる心は、とても朗らかです。他人と揉めたり、不平不満を感じる必要がありませんから、心は平穏に満ち、人間関係で大きなトラブルに巻き込まれることもありません。

さらに、自分で自分を満たしてあげられるようになるので、周りの人に対しても感謝を抱けるようになるのです。こうして、自分に対する愛情を持っている人は、周囲に対しても愛を持って接することができ、仕事や人間関係、家庭内の調和が保たれ、幸福であり続けることができます。

一方、不自然でゆがんだ恐れの「三角形」は、まったく逆のサイクルを描きます。

自分のことが信じられない、いつも心配や不安を抱えている。このような状況は、「劣等感」を抱いている状態といえます。自覚がないまま、無意識のうちに劣等感を抱いている人はとても多いものです。

劣等感は大人の影響が大きく、子どもたちは、特に幼少期から中学生くらいまでの間に、親から劣等感を受け継いでしまいます。

子どもは、一人では生きていくことができません。ですから、育ててくれる親に精神的にも金銭的にも依存することになります。親が自分の世界のすべてになってしまうため、親に対して、「完璧な人」なのだと思い込みます。

しかし、劣等感を抱いている親は子どもに対して、不安や心配をベースに接してきます。親自身が自分に対して不安や悲しみなどを抱いているのに、本人がそれに気がつかず、子どもたちに対して、イライラしたり、人格を否定するような態度を取ったりしてしまうのです。

こうして否定されながら育てられた子どもは、親に対して自分の本当の感情を表現しなくなります。すると子ども自身も、やがて身近な周囲の人に対して責め心を出すようになってしまうのです。

自分に対して劣等感を持ったままでいると、何もかもがうまくいきません。体調を崩して病気になってしまったり、人間関係がギクシャクして、家庭不和になったりします。学校や仕事でもトラブルが絶えず、不幸や苦難が続いてしまいます。

もしもあなたがいま、「マイナスの三角形」のなかにいるのだとしたら、どこかでサイクルを断ち切って、「プラスの三角形」にジャンプしなければなりません。

その方法は、実は簡単です。自分の感情を見つめ、気づくだけでいいのです。

例えば、誰かに対してイライラしているときには、「責め心があるみたいだな。どうしてこのような感情を抱いているのかな」とその原点を見つめてみましょう。そのときに、「こんなことを思っているなんて、自分はダメなやつだ」と自分を責めるのではなく、自分に愛と思いやりを持って接してあげてください。

最初はうまくできなくてもいいので、自分のペースで続けていきましょう。そうすることで、いつか必ず、マイナスの三角形から抜け出ることができます。

いつも使う道具に、愛情を持ってみる

私の長年の友人の話です。彼は車に乗るとき「今日も頼むね」と車に声をかけているそうです。彼と知り合ってから、私は何度か車を新調しています。何年か乗るとハンドルの革部分など、いろいろなところにほころびが出てくるので、ハンドル部分を2回くらい張り替えました。

ところが、同じ時期に車を新調した彼の車はまるで新車のようにピカピカで、ハンドルもダッシュボードも埃《ほこり》ひとつないのです。これは、彼が車に乗るたびに愛情を込めて車に声をかけているからではないか、と私は思っています。

ある人が中古で車を買って、それから十年以上、相棒のように車に乗っていたところ、やはり部品が劣化して故障が目立ってきました。そこで泣く泣く廃車にすることを決め、新しい車を購入。ところが廃車になるその日、エンジンをかけても一切かからない。どうやらとっくにその車は寿命を迎えていたのに、お役ご免になるその日までは、かろうじて動いていたに違いない……。こんな話もあります。

私は電気シェーバーを使っているので経験してはいませんが、カミソリに毎日「ありがとうね」と感謝して大事にしていると、刃こぼれしないという話もあります。

カミソリの刃を顕微鏡で見てみると、新品の頃は刃の分子がきれいに並んでいます。人が使い始めると、きれいに並んでいる分子の並びが乱れていきます。それが刃こぼれという状態らしいのですが、「ありがとう」と感謝の言葉をかけ続けていると、ずっと分子がきれいに並んだままで劣化が遅くなるというのです。

これもまた、**全一統体の原理**と通じるものがあります。物も人もつながりあっているのですから、大事にする気持ち、感謝する気持ちを私たちが持つと、それが伝《でん》播《ぱ》していくのです。

逆に「安いカミソリなんて役に立たない」「使いづらい」と粗末に扱うと、その思いが伝わって分子の並びが乱れ、刃こぼれを起こし、ケガをしたりするのです。

ふだんからお金を大切にしていると、豊かさが返ってくる

全一統体の原理は、お金との関係においても重要な意味合いを持っています。

お金に対しては「汚い」というネガティブな感情を抱く人もいます。「必要以上にお金を稼ぐのは卑《いや》しい」「人の食い扶持《ぶち》まで奪うみっともない行為だ」というような感覚を持っている人も、まだまだ多いようです。

ただ、そうであっても「別にお金がなくてもいい」「貧しいままでいい」と考えている人は、ほとんどいないはずです。本当は、みんな豊かになりたいと思っているはずで、誤解を恐れずにいえば、みんな「お金が大好き」なのです。

みんな同じように豊かになりたいと思っているのに、ある人はどんどん豊かになり、それに伴って幸福になる。でもある人は、お金を手にしてどんどん貧しくなっていく。宝くじに当選して何億円という大きなお金を得た人の多くが、大金を得る

前よりも心が貧しくなり、不幸になっているという話は有名ですが、みんなお金が好きなのに、なぜこうしたことが起きてしまうのでしょうか？

私は、お金が「好き」であることに加えて「感謝」の心があるかどうかが大きな差を生み出すように思います。お金に対しても、やはり「感謝すること」がとても大切だと思うのです。

お金が好きだといいながら、お金をぞんざいに扱う人がいます。財布のなかに紙幣をクシャクシャのまま入れたり、お札の向きを揃えなかったり。財布をお尻のポケットに突っ込んで、お尻で踏んでしまっている人もいます。財布を持たず、お金を裸で持ち歩くような人もいます。こういう人は、お金に対する感謝が足りません。

私も昔はお金に対する感謝など考えない人間でした。しかし、考えてみてください。お金があるから、豊かな生活が送れるのです。私たちが旅行にいけるのも、レストランで美味しい食事ができるのも、好きなものを買えるのも、お金があるからです。

誰かが一生懸命作ってくれたものを買えるのも、お金があるからです。さらにいえば、お金にゆとりがあれば、困っている誰かを助けることもできるのです。

「お金を稼いでいる人は、何か狡《ずる》いことをしているに違いない」という謎の観念を無意識的に持っている人もいますが、お金持ちが浅ましいのではありません。浅ましい人がお金を持っているからお金が汚く見えるだけなのです。

実際、億万長者といわれるようなお金持ちのほうが、小金持ちよりも謙虚で人に対して思いやりがある、という例は枚挙《まいきょ》に遑《いとま》がありません。

倫理法人会のモーニングセミナーで日々教材として使っている『万人幸福の栞』の「万物生々」という章にも、こういった言葉があります。

「大事業家は、無欲の人である。事業は欲心（よく）で左右されるようなものではない。ただせずにおられず、仕事そのものがすでに無上の喜び、無限の恵みであって、歓喜に満ちて働く、そこに事業はおのずから成功し、金銭は自然に集まるのである」

お金に対して感謝の気持ちを持っている人は、総じてお金を本当に大切にしています。財布をいつもピカピカに磨き上げていたり、財布の型崩れを防ぐためにお札と小銭入れを分けていたりします。

家に帰ったらカバンのなかに入れっぱなしにせず、財布を取り出して定位置に保管する人もいます。なかには、財布専用の布団を用意して、布団のなかに入れて休ませる、という人までいるようです。

ちなみに私も、お金を大切にするという思いを持ってからは、お札入れと小銭入れを分けています。

「お金があることによって、今の暮らしがある」

「大切なお客さまからいただいたお金だから、大切に扱いたい」

お金に対してこのような思いを持っていれば、きっと自然に「お金を大切に扱おう」という思いが湧いてくるのではないでしょうか。

第2章

「でも大丈夫！」と声に出そう

発顕還元の原理

発顕還元の原理を知ると心が軽くなる

今ある幸せを失うのが怖い。
仕事を安定させたい。
病気になって辛い。
そんな悩みを軽くしてくれるのが、**発顕還元《はっけんかんげん》の原理**です。

日本には四季があり、四季にはそれぞれ、「春は芽吹き。夏は成長。秋は収穫。冬は蓄える」という役割があります。春に種を植えてすぐに実がなるわけではありませんし、冬の時期に、夏のように植物がどんどん成長するようにと期待してもうまくいきません。

人も同じで、生まれたときには数キロしかない私たちの身体は、どんどん成長して大きく育ちます。成長がひと段落すると、やがて「老い」に向かい始め、身体の機能が衰えていき、最終的には死を迎えます。

成長期には、私たちはたくさん食べ物を食べ、消費します。壮年期や老年期を迎えたら、若い頃と同じようには食べられなくなります。油っぽいものを食べると胸焼けしたり、メタボになって身体を壊したりもします。

このように、人体や季節などにはサイクルがあり、冬が来ればまた春が来るように、一方向にだけ進むことはありません。私たちは老いや死に向かって進んではいますが、人類全体としてみたときには、生と死を繰り返しています。生まれるだけ、死ぬだけ、という現象はありません。

血管には動脈と静脈があります。心臓から身体全体に向かって流れる血液は、折り返してまた心臓に戻っていきます。そしてまた、身体全体に向かって流れていくのです。

このように、すべては振り子のように、ある一点と一点の間を行き来している、と見ることができます。これが、**発顕還元の原理**です。

エネルギー保存の法則と発顕還元の原理

発顕還元の原理を物理的に見てみると、「エネルギー保存の法則」ととても類似しています。エネルギー保存の法則とは、「出ていくエネルギーと入ってくるエネルギーの総量は常に同じである」という法則です。

エネルギー保存の法則でよく登場するのがジェットコースターの例です。

ジェットコースターは上に行ったり下に行ったりしながら加速するアトラクションです。ジェットコースターが高い位置にいるときには、位置エネルギーは高く、運動エネルギーは低くなります（速度が遅くなる）。そして、ジェットコースターが最も高い位置に達して下り始める瞬間に、運動エネルギーが変換され、運動エネルギーが高く、位置エネルギーが低くなるのです。

ただ、どの地点においてもエネルギーの総量は変わりません。これが、エネルギ

エネルギーが移り変わっても合計(総量)は同じ

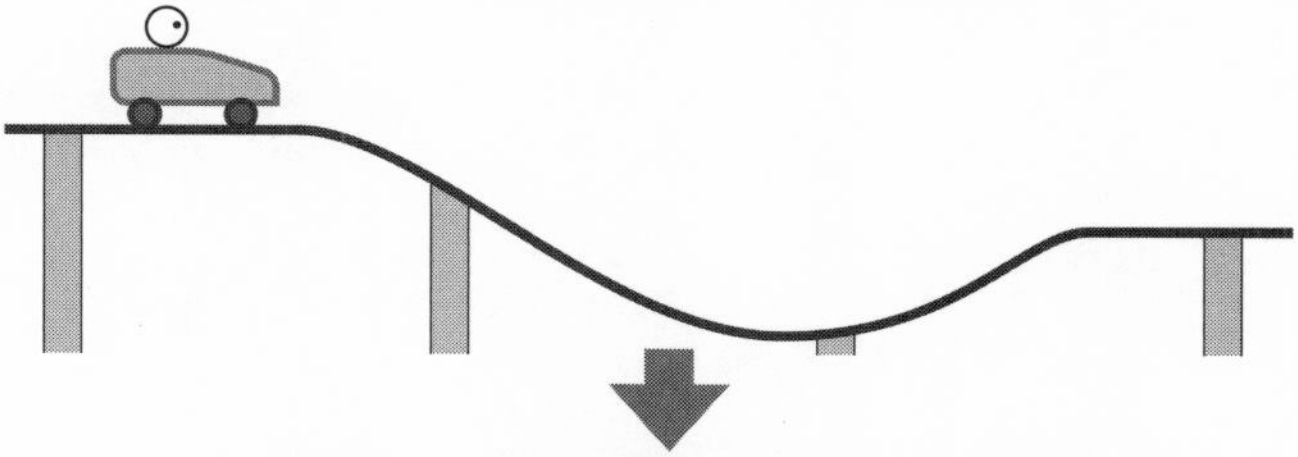

ジェットコースターの運動とエネルギーの関係

ー保存の法則です。**発顕還元の原理**も同様に、発顕（生まれるもの、入れるものなど）と還元（死、出ていくものなど）の、総量は同じであるとするのです。

もしも発顕と還元のバランスが崩れてしまうと、どうなるでしょうか？　それでも総量は同じになるため、バランスが崩れた分、どこかで帳尻を合わせることになります。

例えば、食べる量が多いのに排せつが少ないと、身体のなかに老廃物が溜まって病気になってしまいます。これは、排せつが少ない分を「病気になる」ということでバランスを取っているともいえます。

与える量が多くて得るものが少ないと、枯渇《こかつ》してしまいます。これも、枯渇することでバランスを取っているのです。

人から奪うことが多くて与えることが少ないと、やがて人が去って行きます。人が去って行くと奪える量が減ります。これも、孤独になるということでバランスを取っているといえます。

出すものの質が変われば、入ってくるものの質も変わる

人間関係に大きな変化が起きたとき、多くの人が、原因は相手の変化だと考えますが、実はそうではありません。**全一統体の原理**のところでも書いたように、すべては、つながり、関わり合っています。ですから誰かとの関係に変化が起きたとすれば、相手だけが変わったのではなく、自分もまた変わっているのです。

子どものことが心配になったり、仕事で心配ごとが生じたりするときには、輪をかけて心配事が生じます。つまり、心配していることが現象化するわけです。

もしも今、あなたに何か心配事や恐れていることがあったとしたら、その心配や恐れをポジティブなものに変える努力をしてみましょう。

例えば、子どものことが心配なのであれば、「この子は大丈夫！」と信じてみる。

今までやったことのないようなレベルの高い仕事を任されて不安に感じているのなら、「きっとうまくやっていける」と信じてみるのです。

根底にある自分の感情を、明《めい》朗《ろう》闊《かっ》達《たつ》なものに変えてみることで、「この子は大丈夫だな」と思えるような現実を引き寄せますし、「この仕事をうまくやれる」と自信を持てる現実を引き寄せます。

事業も同じです。もっと利益を出したい、会社を大きくしたいということであれば、お客さまや取引先を儲けさせ、豊かにするのです。自分だけが利益を得て、関わる人が損をする仕組みは、一時的に大きく利益が出せたとしても長続きしません。

それどころか、悪い評判は瞬く間に広がり、次第に周りから人がいなくなって孤立し、事業はあっという間に傾いてしまうでしょう。

大切なのは、心持ちを明るく保つこと

与えると与えられる。奪うと奪われる。このように、物事は二つの相反する性質を包含していて、どちらかに偏《かたよ》ることはありません。

枝が伸びれば根も伸びるように、物事にはよいときもあれば悪いときもあります。振り子のように物事の両端を行き来するものの、完全にバランスは取れているのです。

これが、**発顕還元の原理**です。人生を含めたあらゆる出来事、人生そのものが、発顕と還元の繰り返しといえます。

発顕還元の原理は、自然界の秩序としてはとても当たり前のことをいっていますが、私たち人間は、しばしば**発顕還元の原理**が働いているということを忘れがちです。

ラクをして儲けようとしたり、表面だけ取り繕《つくろ》ったりしても、思うように事が運ぶことはありません。それは、原理や秩序から外れているからです。

七つの原理すべてに共通することですが、丸山敏雄先生は、あくまでも重要なのは内面であり、心持ちであるとしています。ですから、発顕還元のバランスの取り方も、心持ちがポジティブであるのか、それともネガティブであるのかによって変わってくるのです。

例えば同じ「食べ過ぎ」であっても、食べることが大好きでついつい食べ過ぎてしまうのと、満たされない思いを食べることによって満たしていたり、食べ過ぎることに罪悪感を感じ、食べ過ぎるたびに自分を責めたりするのとでは、それによって生じる現実がまったく変わってくるはずです。

自分がラクになる考え方を選ぶ

昔、ある人に1千万円近いお金を貸して、踏み倒されたことがありました。

1千万円という金額は私にとって、決して安い金額ではありませんでした。しかし私は、その人のことをとても信頼していたこと、非常に困っている様子だったことから、それならばと、いろいろなところから、なんとかお金をかき集めたのです。その方からは、二度、20万円ずつ返済がありました。しかし、早々に返済が滞《とどこお》るようになり、ついに連絡が取れなくなってしまいました。

彼のことを心から信頼していましたから、連絡が取れなくなったときには非常に胸が痛みました。お金が返ってこない痛み以上に、信頼を裏切られたことがとてもショックだったのです。この一件があってから、しばらくは何をしても気が晴れず、落ち込む日々が続きました。

しかし、ずっと落ち込み続けているわけにもいきません。そんなときでした。ふと、頭のなかにこんな考えが浮かんだのです。

「私は前世で彼からお金を借りて逃げたのかもしれない。だから、今回のことはバランスを取るために起きたのかもしれない」

要するに、今回1千万円近いお金を持ち逃げされたことで、前世からのカルマ（業《ごう》）が解消されたのかもしれない、と考えたのです。

カルマのバランスを取るというのも**発顕還元の原理**に当てはめることができます。この考えを思いついてから、気持ちが一気にラクになりました。

この考えに従うと、お互いに借りたお金を持ち逃げしたことになりますから、今回でチャラになったことになります。

「だとしたら、もし生まれ変わったとしても、同じことは起こらないはず」。私はそんなふうに考えました。もし今回の人生で踏み倒されなかったとしたら、次に生まれ変わったときに踏み倒されていたかもしれない。だから、これでよかったんだ。

この考えを採用したあと、スッと納得したのです。

もちろん、そう考えたからといって、私がすっからかんになったという事実は変わりません。無理をしてお金をかき集めたわけですから、それからの金策が大変なことは変わりません。それに、そもそも前世があるかどうかなんて誰にも分かりません。私の単なる想像といわれてしまえばそれまでです。

しかし、そのように考えることによって、「裏切られた」という思いが確実にラクになったのです。

前世があるなんて信じられないという人は、「これで厄《やく》が落ちた」と思うのはいかがでしょうか。これもまた、「出ていくものと入ってくるもの総量は同じ」という**発顕還元の原理**に即した考え方です。

「こんなにも苦しい思いをしたのだから、この苦しさに相当するだけの幸せや豊かさがやってくるに違いない」と考えてみるのもいいと思います。辛いときには、自分がフッとラクになれるような意味づけをしてみてください。

そんな勝手なことでいいの？　と思うかもしれませんが、それでいいのです。

人は、自分が見たいように物事を見るもの。同じことを経験しても、人が変われば見方が変わります。私は裏切られたと感じて非常にショックを受けましたが、相手には裏切ったという意識はないかもしれません。真実が分からないのなら、自分に都合のいいように意味づけをしてしまったほうがラクです。

もちろん、現実的な対処は必要です。時には、意を決して訴訟を起こすなどの措置に出なければならないこともあるでしょう。しかし、不快で落ち込んだまま、怒りが収まらないままでいるのと、受け止め方を工夫して自分が「快」の状態にいるのとでは、起きてくる現象にも差が出てくるに違いありません。なぜなら、意識と現象は、強くつながっているからです。

ずっと怒りや憎しみを抱えたままでいると、また似たような人や出来事がやってきます。苦しみから解放されるような、心地よい考え方を選択してみるのはいかがでしょうか。

お金を大切にすると、お金からも大切にされる

あなたは、お金を払うとき、どんな気持ちでお金を送り出していますか？　お金を大切にする気持ちは、支払うときにも現れるものです。「嫌だなあ」「お金が減ってしまう」「払いたくない」そんな気持ちでお金を送り出しているのだとしたら、非常にもったいないことです。

お金を払うときには、喜んで払う。これを心がけてみてください。お金を払えるということは、払えるだけのお金を手にしているということでもあります。

そう考えると、払うお金が高ければ高いほど、裏を返せば、あなたが豊かであることの証《あかし》ともいえるのです。

お金を払うと、手元からなくなってしまう。そのように感じてしまい、お金を払うことに不安を感じる人も多いものですが、お金は循環しているものです。空気や

水のように、私たちの周りに潤沢《じゅんたく》にあるものだと考えてみてはいかがでしょうか。

空気や水は、必要以上に吸い込んだり、身体のなかに取り入れたりすることはできません。水を飲み過ぎると尿として外に出てしまいますし、むくんでしまったりします。空気を吸うにしても、肺にはキャパシティがありますから、余計な分は呼吸を通じて外に出て行ってしまいます。

お金もこれと同じです。

お金に感謝して喜んで払っていると、いろいろな循環がよくなっていきます。

私は、請求書がきたら、支払期日が翌月であったとしても、すぐに払うようにしています。やっぱり、一日でも早くお金が相手の手元にあったほうがいいと思うからです。

それに、早く支払えばその分早くお金が循環していきます。会社を回していく上で現金はとても大事です。会社が赤字であっても、現金があればなんとか乗りきれます。余剰の現金があれば、思い切ったチャレンジができたりもします。

さらに相手のことを考えて喜びながら支払っていると、信頼関係が生まれてきます。自分の会社が潰れそうになっても「あの人はいつも早く支払ってくれていたから、あの人にだけはお金を払いたい」と思ってもらえたりもします。こうして、感謝や喜びがお金に乗って循環していくのです。

税金に対しても同じです。経営者のなかには、税金を払うことを異常なほどに嫌がる人もいます。極端な話、税金を1円も払いたくないのであれば、赤字決算にするしかありません。黒字ができるだけ出ないようにするには、お金を使うしかありませんが、これはやはり本末転倒といえます。

今はもうそんな会社はほとんどないかと思いますが、昔は、税金対策として社長がプライベート用の高級車を経費で買ったり、ゴルフ会員権を買ったりしていたこともありました。

社長にしてみれば、「どうせ同じくらいの金額を税金として払うのだから、好きなものを買ったほうが得だ」という考えなのかもしれません。

しかし、社員にしてみればどうでしょうか？　社員からすると、自分たちが一生懸命働いて稼いだお金で、社長が公私混同して無駄遣いをしている」というふうに見えてしまいます。

現実問題として、利益が出なければ会社としてうまく回っていきませんから、税金を払いたくないからといって、お金を使ってばかりでもいけません。それに、会社で融資を受けたとしたら、利益からしか返済することができません。会社を強くしていきたいのなら、必ず利益を出さなければならないのです。

そう考えると、やはりシンプルなのは、しっかり儲けて利益を出し、納税をすることではないでしょうか。

私が経営者の方によくお話しするのは、「納税目標を立てましょう」ということ。利益目標を立てる人は多いと思いますが、同時に納税額も計算しておいて、納税目標も立てておくのです。そうすると、決算が近づいてから「こんなに税金を払うのか」とショックを受けることもなくなります。


もうひとつ、こんな考え方もあります。

「地産地消《ちさんちしょう》」という言葉があります。住んでいる土地で育った野菜や果物を食べることで地元を応援することです。この地産地消は、税金にもいえることだと思うのです。

会社を作り、商売をさせていただいている土地に、税金という形で恩返しをする。自分が納めた税金が街作りに使われ、自分の家族や友人など、愛する人たちが豊かになっていく。そう考えると、税金というのは死に金ではなくて、生きたお金だと思えるのではないでしょうか。

深く学びたいなら、学ぶためのスペースを空ける

最近では「大人の学び直し」をする人も増えていて、私たちはいくつになっても何かを学ぶ機会が増えたように思います。還暦を過ぎてから大学に通う人もいますし、定年退職後に難関資格を取得して、新しいキャリアを歩き始める人も珍しくありません。

私たちが技術や知識を習得し、使いこなすためには、やはり先人から学ぶことが近道です。試行錯誤することも重要ではありますが、独学ですべてを学ぶとなると、やはり回り道をしてしまうことも多いものです。

この「学び」においても、実は発顕還元の原理を当てはめて考えると、どのような姿勢で学ぶと、より効率的に学ぶことができるのかが分かります。

先人に教えを乞《こ》うて学ぶということは、その人が持つ知識や経験をできるだけ自

分のなかに取り込んで、身につけることを指します。そして、できるだけ多くの学びを得るためには、自分のなかに教えを取り込めるスペースをたくさん用意しておかなければなりません。

要するに、何かを深く、上手に学ぶためには、「その師に絶対順従する」ことが大切なのです。何かを学ぶときには、つい「この人はこう言っているけれど、私はそうは思わない」とか「言っていることは理解できるけれど、そうはしたくない」などというように、我《が》が出てきがちです。しかし、そうした自己主張がわずかでもあると、学びの邪魔をしてしまいます。

何かを学びたいときには、自分の我や自己主張をいったん取り払い、まっさらな状態で教えを乞うことがとても大切なのです。

辛いことが大きいほど、そのあとに大きな幸せがやってくる

事業が傾いて倒産の憂き目にあった。

家が焼けて、思い出も資産も何もかも失った。

愛する人から別れを切り出され、途方に暮れている。

このように、人生においては耐えられないほどに辛い出来事が起こることがあります。こんなときこそ、**発顕還元の原理**を役立てて軌道修正をすることができます。

何かを出せば何かが入ってくる。そして、何かが入ってきたら、何かは出て行かざるを得ない。これが、**発顕還元の原理**でした。そして、発顕還元の原理では、入ってくるものと出て行くものの総量は同じだと考えます。辛いことが多ければ多いほど、発顕還元のバランスが大きく崩れてしまっている状態なわけですから、起きてしまった辛いことに見合うだけの幸せがやってくるということになります。

失うものが多いほど、人は失いたくなくて執着してしまいます。昔うまくいったやり方を、人はなかなか変えることができません。「前にこの方法でうまくいったのだから、今度もうまく行くはずだ」という期待が捨てきれなければ、状況判断を見誤ってしまいます。

しかし、この原理を知れば、喜んで手放してしまったほうがよいのだと分かります。失うものが多ければ多い分だけ、得られる幸福も大きくなるからです。

『七つの原理』を発見した丸山敏雄先生は、『万人幸福の栞』のなかで、「運を天に任せる明朗闊達な心境に達したとき、必ず危難をのがれることが出来る」と書いています。さらには、「喜んで又改めてとりかかると、いつか大きい成功の栄冠がかがやく」とも書いています。

病院に行ったところ、ガンが全身に散らばっていることが分かった女性の話があります。その女性は「もうすぐ死ぬのだから、最後くらい好きなことをしよう」と決め、家族を置いて一人で世界一周の船旅に出ることにしました。旅行中はお酒もお肉もデザートも一切我慢せず、好きなだけ食べ、心から旅行を楽しんだそうです。

その女性が旅行を終えて帰宅すると、なんと全身に散らばっていたガンが消えていました。自分の命があとわずかしかないことを知り、執着せずに手放して今好きなことを好きなだけ楽しむことによって、大きな幸せがやってきたのです。このような例は枚挙に遑《いとま》がありません。

事業で成功を収め、高慢で人を見下すようになった事業家が、倒産して無一文になり、日雇労働者として底辺から這《は》い上がり、前以上に成功した。そんな例もよく見られます。運を天に任せて執着を捨てるだけではなくて、また心機一転、新たにトライする。そうすることによって、成功がやってくるのです。

『万人幸福の栞』では、単に執着せずに手放すだけではなくて、「喜んで手放す」ことが重要だと説かれています。嫌々手放すのではなく、感謝して手放す。そうすることによって、その先にはさらなる豊かさや成功が待っているというのです。

にわかには信じられないことかもしれませんが、すべてが関わり合い、起きることは自分の意識の投影であるとするならば、腑に落ちるのではないでしょうか。

トラブルが連鎖しないように、自分のところで終わらせる

クレームや愚痴《ぐち》など、人からマイナスの感情をぶつけられるのは、辛いものです。「上司がキレやすく、いつも怒鳴られている」「クレーム処理の仕事をしていて、たまにひどいクレーマーに遭遇することがあり、とても辛い」といったような悩みもよく耳にします。

仕事だけでなく家庭でも、むしゃくしゃしている人や不機嫌な人がいると気が滅《め》入《い》ります。「父が怒りっぽく、家のなかの居心地が悪い」「お母さんにいつも小言をいわれて、ストレスが溜まる」とうんざりしている人もいるかもしれません。ひどいときには、本当に理不尽な怒りをぶつけられてしまうこともあるかもしれません。

私の息子がバイクを買ったときの話です。バイク屋さんがトラックにバイクを積

んで家まで運んできてくれたのですが、家の前にはトラックを停められないので、近所の方の敷地の端を少し借りてトラックを停め、バイクを運んできてくれました。すぐに終わるからと、その敷地の所有者の方に断りを入れなかったところ、その敷地の持ち主が、ものすごい剣幕で怒鳴り込んできたのです。

私は当時から、NPO法人地球環境フォーラム鹿児島事務局などの役職についていましたが、敷地の持ち主は、「行政に関わって子どもたちを教える施設にいるような人間が、こんなことをしていいのか！」と言うのです。その人は、他にもいろいろな理由をつけて私に怒りをぶつけてきました。

以前の私なら、彼の怒りに対して怒りで対抗したかもしれません。しかし、このときの私は、人の心の仕組みがある程度理解できていました。そして、「こうして人に尋常ではない怒りをぶつけてくる人は、自分が不当に扱われていると思って劣等感や恐れを抱いているだけ」ということが分かっていましたから、冷静に対応することができました。

私は、「申し訳ありません。ひと言いうべきでしたね」と、彼の目を見つめながら、淡々と答えました。そして心のなかで、彼にこう語りかけたのです。

「あなたの心のなかに溜まっている、いろいろな恐れが解放されるといいですね」

もちろん、言葉にするとさらに怒りを助長するでしょうから、心のなかでいうに留めます。しかし、何度も、心のなかで語りかけたのです。すると、最初はヒートアップしていた彼が、徐々にトーンダウンしていきました。

こうして、怒りに反応せずにその奥にある劣等感や恐れにフォーカスし、それが晴れるように祈っていると、相手の怒りがどんどんトーンダウンしていきます。他の人にも試してみましたが、やはり同じ結果でした。


不当に扱われていると感じている人は、自分の思い込みによっていつもイライラ、むしゃくしゃしています。そして、その思いを晴らせるような場面がやってくると、ものすごい勢いでその思いを晴らそうとします。

たまたま相手になってしまった方にしてみれば、たまったものではありません。ぶつけられた言葉に傷ついてしまうこともあるでしょうし、「なぜこんな目に遭わなきゃいけないんだ」と怒りが湧くこともあります。しかし、相手にしてみればただ鬱憤《うっぷん》を晴らしたいだけなので、こちらがいくら反論しても、道理や論理が通じません。

そもそも、相手は自分の感情をぶつけられれば誰でもいいのです。ですから、仮に理不尽な怒りをぶつけられたときであっても、相手の剣幕《けんまく》に怯えたり、恐怖を感じたり、怒りで反発したりする必要はないのです。

もしもあなたがそんな人に遭遇してしまったときには、相手と同じ土俵に上がらずに、「この人は、ずっとこうして恐怖心を持ち続けてきたのだな」と思ってみてください。相手から怒りをぶつけられたときは、「恐れが解放されますように」と心のなかで相手のことを思ってみます。

最初はなかなか難しいかもしれませんが、心がけていると、怒りをぶつけられたときにも、冷静に避けることができるようになります。

心と身体はつながっている。不調は身体からのメッセージ

大きな病気にかかってしまったとき、それが命に関わるようなものであれば、当然ですがひどく動揺し、落ち込んでしまいます。「自分はもう死んでしまうのではないか」と人生に絶望することもあるでしょう。

病気になることは、あってはならないもの、忌《い》み嫌《きら》うものとして捉えていると、どうしてもそういった、ネガティブな感情に支配されてしまいます。

しかし、病気は「生き方が間違っていますよ」というサインだと捉えることもできます。例えばなんとなく不調を感じたときに、忙しくていつも食事はコンビニ弁当ですませていることを自覚していたなら、それは、「食生活を整えなさい」というサインなのです。

心と身体は密接につながっていますが、心のなかに不要な感情やネガティブな思

考を溜め込みすぎてしまうと、それが身体にも伝わります。そして、やがて物質化して、病気という形で身体に現れてきます。

例えば、結石や腫瘍《しゅよう》などの「異物」ができてしまう人。こういう人は総じて、自分の思いを外に出せずに心のなかに溜め込んでしまっていることが多いものです。パートナーに不満があるのに、それをずっと我慢している。「いい人でいなきゃ」と思い、怒りを外に出さずに心のなかにグッと抑えている。もしかしたら、あなたにも身に覚えがあるかもしれません。

心のなかに溜め込めるスペースがあるうちはいいのですが、溜め込んだものを外に出すことをせずに次々に溜め込み続けていると、やがてキャパシティが満杯になって、溢れ出します。この溢れたものが、石や腫瘍となって身体に現れているのではないかと私は考えています。

私の知り合いにも、胆石や尿道結石など、身体のなかに石を作りやすい人がいます。彼はよく人から、「とてもいい人だけど、思っていることをなかなかいえない人」と評されています。

東洋医学では、臓器には、それぞれに対応した感情があると考えられています。例えば肝臓は怒りと関連しています。ですから、何かひどく怒りを感じるようなことがあったり、日頃から怒りっぽい人などは、肝臓に負担がかかりやすいと考えられます。

肝臓の不調は「あなたは必要以上に怒りが溜まっていますよ」というサインなのです。同じように、腎臓は恐れと、肺は悲しみと関連しているというのが、東洋医学の考え方です。

発顕還元のバランスが崩れたときには、こうした病気という形でゆがみが現れることもあります。ただ、それを「バランスが崩れていることを教えてくれるサインなのだ」と捉えることができれば、「果たして何がおかしかったのだろう、どのバランスが崩れてしまったのだろう」と、これまでの生活の在り方や歩んできた道のりを振り返ることができます。

「思っていることを腹にずっと溜め込んできたから、石ができてしまったのだな。これからは少しずつでも発散して、内に溜め込まないようにしよう」などと考え方や行動を変えることができれば、身体の状態は少しずつよい変化を起こしていきます。

しかし、考え方を変えず、生き方を変えず、「手術をすればいい」とか「病院に行けばなんとかしてくれる」と他力本願のままでいると、原因は解決されずにそのままあるわけですから、たとえ病状を取り除いたとしても、また再発しやすいのです。

身体の症状を抑えることもとても大切なことですが、並行して、自分の心を見つめて正していく作業も同じように、もしかしたらそれ以上に必要なことです。

相手が自分に向けてくれた気持ちには感謝する

私が昔働いていた職場に、すごく頭がよくて、仕事も早く、出社時間も私の次くらいに早くて申し分ない社員がいました。ありがたいなあと私はいつも思っていました。ところが、その社員は挨拶だけはしないのです。

当時、会社には私を含めて30人が働いていました。私はまず、私の次に出社してくる彼に「おはよう」と挨拶をします。すると彼は「おはようございます」と挨拶を返してくれますが、彼のあとに出社してきた社員たちには、一切挨拶を返さないのです。

私は不思議に思い、「なぜ挨拶をしないの？　私にしか言ってないよね？」と尋ねました。すると、彼はこう言いました。「挨拶ってそんなに何回もするものなんですか？」。

挨拶だけではありません。仕事をしている彼に私が「お疲れさま」と声をかけても、彼は顔を上げようとしないのです。

こんなこともありました。社員の誰かが出張から戻ってきて、お土産《みやげ》を買ってきてくれたときのことです。出張から戻ってきた社員は、お土産のお菓子の箱を持って社員一人ひとりのデスクを回ってそのお土産を配っていました。ところが彼にお菓子を手渡すと、「俺、甘い物食べないんでいらないです」と言って断ったのです。

彼に悪気はなくても、言われた方はいい気持ちがしません。そこで私は、彼にこういいました。

「本人に『俺、嫌いなんです』と言うと、どんな人でもムッとするよ。もし苦手だったら、何か理由をつけるとか、ひとまず、もらっておいて知り合いにでも分けたらいいだけのことだから。敵を作るようなことは言わないで、感謝したらいいんじゃないの？」

しかし、彼は首をかしげるばかり。そんなやり取りが何回かあったあと、「私は、塩川さんがいうみたいな人間にはなれません。ここは私には合いません」と言って、会社を辞めてしまいました。

私たちは、自分が求めていないものをもらったとき、「迷惑だな」と感じてしまうこともあります。

しかし、「ほしくない」「いらない」と思ったとしても、相手が自分に向けてくれた気持ちには感謝ができます。いただいたものをどうするのかは別の話で、必要がなければ人にあげたりすればいいだけのことなのです。

この話はかなり前のことですが、今でも、ふとしたときに「彼は元気にやっているだろうか？」「職場でうまくやれているだろうか？」と思い出すことがあります。

神社でのお礼参りが次のご縁をつないでいく

あるとき、私より15歳くらい年上の方と親しくなって、その方の娘さんの結婚式に招待されたことがありました。

話を聞いてみると、娘さんが3人いて、全員が出雲《いずも》大社に参拝したあとに結婚が決まったといいます。私が招待されたのは、3番目の娘さんの結婚式でした。そのあとに「これから出雲大社に最後のお礼参りに行くんですよ」と言うので、私たち夫婦も一緒に出雲大社に連れて行ってもらうことにしました。

私の子どもたちが、まだ誰も結婚をしていない頃だったので、私は頭のなかで無意識に「ご縁のバトンをもらって、うちの子どもたちも結婚しますように」とお願いをしたのです。

長女が結婚したのは、出雲大社にお参りに行った1年後のことでした。そこで私たち夫婦は、出雲大社にお礼参りに行くことにしました。すると、今度は次女が結婚。

「またお礼参りに行かなきゃね」、と妻に話をしたのですが、妻は、「長男がまたすぐ結婚したら嫌だから、行かない」と言いました。立て続けに娘が2人結婚してしまったので、寂しかったのでしょう。「神様の力がすごすぎて、怖いからもう行かない」と言っていました。

そんなことがありながらも、次女が結婚した翌年にもう一度出雲大社にお参りに行きました。するとやっぱり、長男がすぐに結婚したのです。

そして、「最後のお礼参りに行く」ということで、15歳年上の友人夫婦と4人で出雲大社に行きました。

本来ならば、他の方もお誘いしてご縁のバトンを他の方につなぐことができればよかったのですが、新型コロナウイルスが広がり始めたときだったため、それは叶いませんでした。

いま振り返ってみて思うことは、出雲大社の御利益《ごりやく》がたしかにすごいということもそうなのですが、「お礼参りに行くことで、次の新たなご縁を生むのだな」ということです。

出雲大社に行ったときは「子どもたちが良縁を授かりますように」とお願いはしましたが、私は基本的に、神社には感謝を伝えるために伺うようにしています。

反面、お願い事や相談事をするのは、お墓参りのとき。ご先祖様に手を合わせながら、「娘の就職を世話してください」とか、「仕事がうまく行くようにサポートしてください」というようなことをお願いしています。

そうして悩んでいたことがうまく解決すると、またお墓参りに行って「おばあちゃん、ありがとうね」「おじいちゃん、助かりました」と手を合わせています。

お礼参りは、「あなたのおかげで願い事が叶いました」と報告をする場でもあります。倫理法人会でも、「お礼参りの大切さ」を説いています。

第3章

気づいたことは、すぐに行動に移す

全個皆完の原理

「ひび割れ」はあなた自身が作り出していた

私の知り合いに、味噌汁の味が原因で離婚した夫婦がいます。知り合いの彼は青森県出身、塩からい味に親しんで育ちました。奥さんは京都の生まれで、関西風の薄味の食文化のなかで成長しました。

一緒に旅行に行ったり、毎週デートをしたりと、傍目《はため》から見ても二人の関係は仲《なか》睦《むつ》まじいものでした。ところが、ある日突然、離婚したのです。その原因が、味噌汁の味でした。味付けの濃さで何度もいい合いになり、最終的に離婚に至ったというのです。

住む地域によって慣習は異なります。例えば、冠婚葬祭や行事についての作法、ご近所付き合いのルールなども地域によって異なります。

結婚したら、お互い相手の慣習に合わせ、妥協点を見出していく必要があります。

しかし、なかには自分が今まで親しんできた慣習とあまりにも差があることで、パートナーにストレスを与えることもあります。一方的に相手のやり方を押し付けられてしまうと、不満が溜まり、トラブルが発生しやすくなります。

もう一つの例も紹介します。ある営業代行会社の部長と中堅営業マンのAさんは、お互いに信頼関係で結ばれ、常に新しい顧客を開拓し、社長からも期待される存在でした。

ところがある日、会社の売上の多くを上げていたAさんが辞めてしまいました。原因は、Aさんが取引先の顧客を怒らせてしまい、取引が白紙に戻ってしまったことでした。

これを社長から注意された部長は、当然、自分の責任ではないのでAさんを責めました。

「君がちゃんと取引先に連絡をしていれば、こんな事態にはならなかったのに！」

「君には期待していたのに、がっかりだ！」

と感情のままに、思い浮かんだ言葉を投げつけてしまったのです。

部長にしてみれば、「今後のミスをなくしたい」というだけではなく、「仕事の細部まで目配りしてほしい」「このミスをバネにして成長してほしい」という思惑もあったことでしょう。その言葉も節々で伝えていたのですが、部下の失態を責める声のほうが大きく、結果的にAさんに部長の気持ちは届きませんでした。

そして、たった一つの失敗を責められたことにより、Aさんは部長の信頼を失ったと感じ、これまで心の奥に隠れていた小さな不満がどんどん湧き上がってきて、結局は会社を辞めてしまったのです。

もしも部長が最初にAさんに、万全の期待と信頼、新規開拓で成果を上げていることへの感謝を心から伝えていたらどうだったでしょうか？

その上でミスの原因を探り、一緒に対策を考えていこうという姿勢だったら、こうはならなかったでしょう。たった一つのボタンの掛け違いが、社長、部長、Aさんにとって最悪の結末を招いたのです。

時として、感情は裏目に出るものです。「相手のために」といくら思っていても、怒ったり、怒鳴ったりされた側は、「人格まで否定された」と受け取ってしまうものです。

残念ながら私たちには、この部長のように、心底にある思いを表現せずに、一時的な感情にすり替えて表現する癖が身についてしまっています。

そしてその癖が、あなたを不幸や破局に誘う根本原因となります。まずはその点を理解しましょう。「ひび割れ」の原因を作っているのは、相手ではなく自分なのです。

陰陽思想と、全個皆完の原理

東洋思想に、陰陽という思想があります。これは、「物事は必ず陰と陽の性質を持ち、どちらか一方だけが存在するということはあり得ない」という思想です。

幸運かどうかは、不運を経験しているからこそ分かることだったりします。「ある」と思えるのは、「ない」という概念があるからです。光があるから影があるのであって、光がなければ、影も存在しません。

私たちはよく、物事をさまざまな基準で判断しています。「あの人はいい人だ」と人のことを判断することもあれば、出来事に対して「よい・悪い」で判断することもあるでしょう。家族と意見が対立することもありますが、そのときにも、どちらの考えが間違っているか、正しいか、といった目線で考えてしまうことがあります。

しかし、何が正しいかどうかは時代によっても、状況によっても変わってきます。

例えば、「人に嘘をついてはいけません」と私たちは教わってきましたが、真実を告げることでひどく傷つけてしまう場合、嘘を告げることが許容されることもあるでしょう。

家族に受験生がいて、第一志望の大学に合格できず、第二志望の大学に進んだ場合はどうでしょうか？　本人も家族も、第一志望の大学に合格できなかったことを悲しいことだと思うでしょうし、志望していた大学に進めなかったことは失敗だったと思うかもしれません。

しかし客観的に見てみると、第二志望の大学の方が本人がやりたい勉強ができる環境が揃っていて、第二志望の大学に進めたことが結果的によかったということもあります。

陰陽思想で見てみれば、このような「よい・悪い」「正しい・間違っている」というような価値判断は、絶対的に正解なわけではなく、また絶対的に間違っているわけではないのです。

何か物事を見て、それを「間違っている」「おかしい」と思うのは、私たちが単にそのように判断しているだけで、そのものが間違っているとか、おかしいというわけではないのです。物事はすべて、実は完璧であり、完全である。何一つ不足もないし、余りすぎていることもない。これが**全個皆完**《ぜんこかいかん》**の原理**であり、陰陽思想と通じるものがあります。

全個皆完の原理においては、「これがよい」という言葉を使っています。

「これがよい」とは、病気であれ不運な出来事であれ、突発的に発生するのではなくて、そこには原因がある。原因があり、結果として起きているという、ただそれだけのことであって、そこに過不足はないということです。

私も、「これがよい」は常に意識しています。人も物も、常に振動し、変化し続けています。停滞はあり得ません。ですから、時には故障したり、疲弊したりします。人も、老いたり不調を抱えたりと、よい変化ばかりが起きるわけではありません。

人間関係にも同じことがいえます。幸せそうな夫婦が離婚したり、信じていたビジネスパートナーに裏切られたり、いろいろなことがありますが、そんな苦難や試練に対して、「これがよい」といえるようになれると、とても穏やかに過ごすことができるようになるのです。

辛いことは、美しさに気がつくサイン

人によって悩みはさまざまですが、悩みを解決するヒントとして、**全個皆完の原理**を活用してみましょう。

『万人幸福の栞』の2条「苦難福門」の部分に、こういった一文があります。

「苦難は、生活の不自然さ、心のゆがみの映った危険信号であり、ここに幸福に入る門がある」

つまり、それを誰かのせいにしたり、自分は悪くないと正当化したりしても、解消はされないもので、自分が心のゆがみに気づき、改めることで解消され、幸せになれるというのです。

子どもがいうことをきかない、家族といつも険悪になってしまう。部下が反抗的で指示通りに動いてくれない。こうした困り事は、実は子どもや家族、部下に原因があるのではなく、自身の考え方やこれまで培ってきた習慣、悪い癖などが具象化して、困り事として現れているのです。

ですから、状況を変えたいな、あの人との関係をよくしたいな、と思うのであれば、相手を何とか変えようとするのではなくて、自分の心を見つめてみて、ゆがみを正せばいいということになります。

これは、突発的な事故なども同じです。私が車を運転していたときのことです。ほとんど車の通りがないような上り坂の広い道で、のろのろと運転している車に遭遇しました。急いでいたわけでもないのですが、のろのろと走るその車にイライラした私は、左車線に車線を変更して追い越そうとしました。ところが私が追い抜きたいと思っていることを察知していたのでしょう、ちょうど同じタイミングでその車が左車線に車線変更しようとしたため、接触事故を起こしてしまったのです。

幸い大事には至りませんでしたが、イライラした自分の心境がそのまま現象として現れてしまったと、このときはとても反省しました。

突発的な事故というのは、こうした一時的な感情のゆがみから引き起こされることも多いはずです。その心のゆがみに気づくことが大切なのです。

状況を甘んじて受け入れる必要はない

今の状況に不満があったとしても、それは私たちの観念がそう思わせているだけのことであって、状況そのものに過不足はない。これが、**全個皆完の原理**でいわれていることです。

しかし、そうだとしたら、私たちはどのような状況であっても「これでよい」とすべてを甘んじて受け入れなければならないのでしょうか？

全個皆完の原理に従うならば、物事は原因があり、結果があるのだから、甘んじて受け入れなければならないようにも思えます。

クリエイティブな仕事がしたいと思って就職したのに、配属されたのは営業で、自分がやりたいと思っていた仕事が一切できない。

結婚して家を買ったのに、転勤をいい渡されて遠いところに家族全員で引っ越さなければならなくなってしまった。

例えばそのような環境に身を置くことがあります。生きていく上で、私たちにはさまざまなことがやってきますが、これらすべてを「あるがままでよい」として、受け入れ続けなければならないのでしょうか？

そうではありません。あるがままを見、受け止めることができて初めて、私たちは「この状況を改善しよう」と思えるものなのです。客観的に事実を認識するからこそ、私たちは、よりよい方向に進むことができるというわけです。

就職した企業がブラック企業だったとしたら、早急に転職を考えたほうがよいといえます。結婚した相手が暴力を振るうような人だったら、我慢せずに逃げるべきです。

ただ、最善の判断をするためには、状況を客観的に把握できなければなりません。物事には必ず原因がありますが、「この結果を招いたのは果たして何が原因だったのか」が分かれば、対処のしようがあるからです。しかし、いつまでも誰かのせいにしていては、現状を打破することはできません。

ひどい腰痛に悩まされて、仕事をするのもままならない。そんなときに、「仕事を休むのは悪いことだ」「もっと頑張らなければならない」というような価値判断を自分が持っていたら、身体を労《いたわ》るどころか、さらに酷使して悪化させてしまいかねません。

また腰痛になった原因が姿勢の悪さだったとしたら、その原因を知らないままだと、姿勢をよくしようとも思えないため、腰痛の原因を取り除くことができません。

ここで**全個皆完の原理**の解釈を間違えてしまうと、「腰痛になったことを受け入れるだけで、治そうとはしない」という事態になりかねません。そうではなくて、「腰痛になった今の状況を『これがよい』と受け止める」ということは、腰痛を治そうとしないということではなく、今の状況に不平不満をいわない、ということです。「なぜ腰痛になってしまったのだろう」「この痛みさえなければ、もっと仕事ができるのに」と腰痛になったことを厭《いと》わず、淡々と今の状況を見、受け入れ、「なぜ腰痛になってしまったのか」という原因を客観視する。そうすれば、原因を排除することができますし、腰痛に対処することも可能です。

無意識に抱いている恐れを手放そう

自分の心のゆがみが、現象として現れ、現実社会においてさまざまなトラブルを招きます。

いい換えれば、心のゆがみを正せば、現れる現象も変わってくるということです。鏡の前に立つと、自分の顔が映ります。微笑《ほほえ》めば鏡の向こうの自分も微笑みますし、怒った顔をすれば、鏡の向こうの自分も怒った顔をします。

鏡の向こうの自分とは、現象です。鏡の前にいる自分が笑っているのに、鏡の向こうの自分が怒ることはありません。鏡の向こうの自分が自分勝手に泣いたり怒ったりはしないわけです。

鏡の向こうの自分、つまり起きている現象を変えたいのならば、鏡の前に立っている自分を変える必要があります。

面白いのは、辛いと思えるような同じ現象を複数の人が経験したとしても、そのことに困っていない人もいるということです。例えば、同じ職場で働いていて、同じくらい激務で残業が多いとしても、残業が多いことに苦痛を感じる人もいれば、逆に残業が多いほうがありがたいと感じる人もいます。

上司からの指示に対して「いつも嫌味だな」と感じる人もいれば、「厳しく指導してくれてありがたい」と感じる人もいるでしょう。そのように見ていくと、やはりトラブルや困り事というのは、生活の不自然や心の持ちように大きく左右されるといえるのではないでしょうか。

ゆがんでいる部分、不自然な部分に気がつくことによって、コミュニケーションの在り方や考え方が変わってきます。トラブルは、それをトラブルであると思っている本人こそが、解決するカギを持っているのです。

特に私たちが無意識のなかで持ってしまっているのが、「恐れ」だと私は考えています。

無意識領域で、私たちは本当にさまざまな恐れを持ってしまっています。しかも無意識なので、なかなかそれに気づくことができません。

私の場合、妻に対していろいろな恐れを抱いていました。

冬になって気温が下がると、家のなかも冷えてきます。「この家寒いねえ」という妻の言葉が、私には「あなたに経済力がなくてこんな家しか建てられなかったのね」と責められているように聞こえてたのです。妻は「寒い」という出来事をただ口にしただけなのに、私が勝手に恐れを感じ、怒りの感情を感じていたのです。

こんなこともありました。自分は飲み会に誘われるといつも出かけるのですが、たまに妻が飲み会に行くとなると、途端に不機嫌になるのです。「俺の飯はどうするんだ」と、子どものようなことをいつも妻に言っていました。

飲み会から帰ってきた妻が、「飲み会はつまらなかった」と言うと気分がいい。ところが、楽しかったと言われると不機嫌になる。要するに私は、自分の大切な人が自分の知らない所で幸せな時間を過ごすこと、楽しい時間を過ごすことに不快感を感じていたのです。

こうして言葉にしてみると、なんと小さな男なんだと我ながら思いますが、結婚して25年のあいだ、自分がそんな考えをしていたとは、まったく気づかなかったのです。

なぜそんな心理になったのかを自分なりに探ってみると、一つ分かったことがありました。自分がいないところで妻が楽しく過ごしていると、自分がダメな人間だといわれているような気がしていたのです。

「今日の飲み会はひどかった、早く帰りたかった」と言われると、自分のほうが優れているんだ、そんなふうに思っていた自分がいたのです。

あとになって、私は妻に自分の気持ちを打ち明け、「またいつでも飲み会に行ってもいいよ」と伝えました。今までとは真逆の行動なので、当然のことながら、最初は怪訝《けげん》な顔をされました。「何か欲しいものがあるの?」「どうしたの?」と妻が尋ねてきました。

当然です。私は怪しむ妻に対して、「自分のコンプレックスからあんな行動を取っていたと分かったんだ」と正直に話し、今までの行動を謝りました。3回くらいそんなやり取りを繰り返した頃、妻がようやく「ああ、本当に変わったんだね」と理解してくれました。

それからは、妻は楽しそうな写真をＬＩＮＥで送ってくれたりするようになりました。もしもあのとき私が変わっていなかったら、私たち夫婦は熟年離婚まっしぐらだったかもしれません。

きっと妻は、私の機嫌を損《そこ》ねまいと本当の気持ちを抑え込んでいたのでしょう。そしてそれは飲み会に限ったことではなくて、おそらくあらゆるところで起きていたことでしょう。

もしかすると本当の気持ちを一切話すことができない夫婦関係に疲れ果てた妻は、家を出て行ったかもしれません。実際に、そうして離婚に至った先輩夫婦も見てきました。

恐れは、さまざまなところから生まれます。例えば、小さい頃に親からかけられた言葉がずっと心に刺さったままということもあるでしょう。親にとっては愛情から出た言葉も、子どもにとっては恐れの源泉になることもあるのです。

無意識に抱き続けている恐れから自由になるためには、まず自分が恐れにはまっている時間をなくすことが大切です。一つの方法として、昔のことを振り返って紙に書いてみるという方法があります。

カッとなったりイライラしたりと、恐れや不安を感じた瞬間に対処できればよいのですが、なかなかそれは難しいものです。ですから、その瞬間ではなくて、その瞬間が過ぎて落ちついてから、少し時間をとってみるのです。

最近腹が立ったことや、これまでの人生で強烈に腹が立ったことも思い返してみましょう。親子げんかや夫婦げんか、職場でのいい争いなども思い出してみてください。

そこには、必ず「恐れ」があるはずです。そして、何を恐れて過去にそのような言動をとったのかを思い出してみましょう。この振り返りを繰り返すことで、自分のことを解放できるようになっていきます。

いまを肯定する先に、本当の夢や希望がある

私たちは希望がないと生きられません。今、日本はさまざまなことで厳しい局面を迎えていますが、「この先はきっとよくなる」という希望がなく、衰退する一方だと思ってしまうと、生きていく活力すら湧かなくなってしまいます。

そこで私たちは、夢や目標を持とうとします。

夢や目標を持たないと、向上心がない人のように思えてしまう、そんな人もいるかもしれません。

確かに、夢や目標があるとモチベーションが上がりますし、毎日の活力にもつながります。けれども、「今この状況から逃げ出したい」という心持ちで夢や目標を持つと、うまくいきません。

今も幸せだけど、さらに幸せになるために夢を持つ。今が幸せだから、もっと周

りの人を豊かにできるように、目標を立てる。そんなふうに、「これがよい」をベースにしてほしいのです。

いま自分が置かれている環境に不満を抱きながら夢を描いてもうまくいかないのは、そこに「不満」があるからです。

今のパートナーに不満を感じて、「もっと優しい人と結婚すればよかった」と思ってしまう。今の仕事がつまらなくて、「もっとやりがいのある仕事をしたい」と転職情報を集めてしまう。そんなふうに、不満を動力源にしてスタートした夢や目標を持っていると、仮にその夢や目標が叶ったとしても、「こんなはずじゃなかった」とさらに不満を感じるような現実につながってしまうのではないでしょうか。

足りていないことを満たすための夢というのは、とても近視眼的です。「今の恋人が優しくないから、優しい恋人が欲しい」といって優しさにだけフォーカスしていたら、実はすごくだらしなかったり、お金にルーズだったということもあり得ます。あなたが欲しいのは、本当に「優しい恋人」なのでしょうか？

まずは、「これがよい」と今を肯定してみる。今までいろんなことがあったけど、いろいろ学べてよかった。辛い経験もあったけど、あの経験があったから成長できた。そんなふうに、不幸だと思っていることの「いいこと探し」をしてみるのです。どんな出来事でも、そこに素晴らしいこと、感謝できることを探していけば、必ずそこに何かが見つかります。そしてその「何か」が見つかると、頭ではなくて心から感謝が湧いてくるようになります。

その状態に自分を整えてから、夢や目標を定めてみるのです。それによって、本当に手に入れたい夢や目標を設定することができるようになります。

直感を鍛える

私たちは、瞬時にパッと出てくる「ひらめき」や「気づき」を得ることがあります。人には視覚や聴覚、触覚などの「五感」があり、五感を使ってさまざまな情報を得ていますが、その五感を超えた感覚のことを第六感といいます。

『万人幸福の栞』ではこれを「第一感」と呼んで、第一感は叡智《えいち》だから、働かせよと説いています。

しばしば私たちは、第一感で物事の本質をつかんでいるといわれています。初めて会った人に対して「素敵な人だな」と感じたり、「どこか信用ならないな」と感じたりするのは、この第一感が働いているからです。

第一感を無視して進んでも、よいことはありません。例えば、最初に会った瞬間に「この人は信用できない」と感じたのに、話しているうちに一緒にビジネスをしようと誘われ、「このビジネスモデルなら成功しそうだ」と利益に目がくらんで、一緒にビジネスを始めた。結果、大失敗して多額の借金を背負うことになった、などということはよくあります。

このように、第一感を信じていれば避けられたトラブルなのに、思考で第一感を抑え込んでしまったために大きな損害を被ってしまう。このような話は、どこにでも転がっています。

第一感の対極にあるのが、「思いつき」だと私は考えています。思いつきは、自分の過去の経験のなかから出てくる答えです。例えば、「この資格を取ったら仕事に役に立つのではないか？」という思いつきは、日々の仕事の経験の積み重ねと、資格の内容という情報、それから、資格と仕事内容との掛け合わせの分析によって導き出された答えといえます。

ただ、こうして頭のなかであれこれと考えて思いついたことは、実はつまらないものです。その行動を起こしたあとの結果もある程度想像がついてしまうからです。

一方で、ひらめきや気づきは、自分の経験のなかから出てくるものではなくて、自分の外から「降ってくる」もののように感じています。ひらめきは、一つの「出会い」であり、「チャンス」でもあるのです。

ただ、外から急に降ってくるひらめきは、流れ星のように流れて消えて行ってしまいます。例えば車の運転中によいアイデアがひらめいたとして、「ああ、よいアイデアだなあ、今は車の運転中だから、帰ってからもう少し考えてみよう」と思ったとしても、家に帰ったらもう思い出せない。「車のなかで思いついたアイデア、すごくよいアイデアだったんだけど、何だったっけ?」と悔しい思いをしてしまう。似たような経験が、皆さんにもあるのではないでしょうか。ひらめきやアイデアは、その場で捕《つか》まえてしまわないと、スッと逃げて行ってしまうのです。

ですから私は、何かよいアイデアがひらめいたときにはすぐに書き留めるようにしています。車の運転中にひらめいたときにも、すぐに車を停めてメモをとるようにしています。

私は、ひらめいたそのタイミングにも意味があると考えています。今ひらめいたことは、今がそれをする最高のタイミングなのです。

「あ、あの人に電話しなきゃ」とひらめいたら、すぐに電話をする。どうしても手が離せないときには、その用事が終わってからすぐ取りかかる。このとき、「相手も忙しいだろうし……」とか、「話すこともないし……」と、頭で考えてしまうといけません。頭でグズグズと考え始めてしまうと、必ずタイミングを逃してしまうからです。

今ならうまくいったことが、タイミングが少しずれてしまっただけでまったく違う結果になることは、よくあることです。

ひらめきや気づきは、大切な出会いの一つです。そして、人との出会いと同じようにひらめきや気づきもまた、一期一会《いちごいちえ》です。

ひらめきを大切にするためにも、私は、ひらめいたことに対して頭が「ああでもない、こうでもない」と考え始める前に、スッと軽やかに行動に移すようにしています。

しかし一方で、ひらめいたことをすぐに行動に移さなければ、と思っているのに、一歩が踏み出せないときがあります。

「電話をしなきゃ、と思っているけど手が動かない」「よいアイデアだ、と思っているはずなのに、身体がメモをとろうとしない」。第一感を大切にしていると、時に次のようなことが起きることがあるのです。

実は、この場合の「電話をしなきゃ」は、ひらめきではなくて「思いついたこと」であって、「手が動かない」「身体がメモをとろうとしない」という部分が、ひらめきにあたります。

思いつきと、ひらめきや気づきとの違い。この違いを感じることができるようになれば、日常がとてもスムーズに進み出します。

最初のうちは、思いついたことがひらめきなのか、それとも単なる思いつきなのか、判別が難しいかもしれません。

そんなときは、「これは『ひらめき』だろうか？　それとも頭が思いついたことだろうか？」と考えず、とにかくさっと行動に移してみることです。

行動に移してみたら、どちらだったのかが分かります。そうやってトライアンドエラーを重ねていくことで、ひらめきへの感度がどんどん高くなっていくのです。

気づいたことは、すぐに行動に移す

「やってみることが大事だ」と頭では分かっていても、なかなか踏み出せない人も多いと思います。

しかし、なかなか踏み出せずにいると、いざ何か行動を起こそうとしたときにも、いつがベストタイミングなのかが分からなくなってしまいます。

「今、ここにあるものが完全であり、よい」という**全個皆完の原理**に従うと、答えは明白です。「やってみよう」と思ったら、すぐに行動に移せばいいのです。

例えば電話にしても、誰かから「誰々さんに電話しておいて」という頼まれ事をすることは結構あります。そんなときには、取りあえず電話をかけてしまうことです。

「気がついたとき」が、それをするのに一番いいタイミングなのです。なぜならそれは、今が完全であり、何よりも大切にすべき瞬間だからです。

「今、気づいた」ということに意味があるのです。

たしかに物事によっては、じっくりと長考しながら進めていったほうがいいこともあります。それでも「このことについてじっくり考えよう」という決断は、すぐにできます。ただ漠然と「あと回しにしよう」「あとで考えよう」と先延ばしにするのではなく、今はどうするかをすぐに決める。あれこれ考えていると、どんなにいいトークや、いいやり方を考えても、タイミングを逃してしまうことのほうが多いのです。

「気づいたらすぐにする」。毎日のトレーニングとして、取り入れてみてはいかがでしょうか。

自然に目が覚めたら、すぐに起きてみる

私たちの勉強会（経営者モーニングセミナー）は、基本的に早朝行われます。これは、気がついたらすぐ動けるようになる訓練としての意味もあります。

気がついたらすぐに動く。この一つの例として、目が覚めたら二度寝をせずに、そのまま起きるようにしてみましょう。前もって決めていた時間よりだいぶ早かったとしても、目が覚めたときにぱっと起きてみるのです。

二度寝してしまうと、次に目が覚めたときは、最初に目覚めたときよりも頭がぼーっとしているものです。そこで「まだ寝足りない」と思って三度寝をしてしまうと、さらにぼーっとしてしまう。そうやって気がついたらどんどん起きる時間が遅くなり、活動する時間が減ってしまいます。

自然と目が覚めたということは、「もう起きていい」という身体からのサインですから、意外とすっきりしているものです。

こうして朝の目覚めを大事にすることを毎日続けていくと、「気がついたときが最高のタイミングなんだ」ということが自覚できるようになります。

片づけをするときも同じです。片づけをしようと思い、捨てるもの、要るものと整理していくうちに、だんだんそれを判断するのが億劫《おっくう》になって動きが止まってしまうことが、往々にしてあります。こういうときも、とにかく要る、要らないで二つに分けてしまいましょう。考えるのは、あとでいいのです。

「迷ったら捨てる」と決めておくと、整理がしやすくなる人もいるでしょう。捨てるかどうかの踏ん切りがなかなかつけられない人も多いようですが、ここでも朝の目覚めと同様に、気がついたときが最高のタイミングだと自分にいい聞かせるのです。

行動が習慣化すれば、それは難しいことではなくなります。考える無駄を省いて、行動を起こすことが優先されるようになる。それによって、毎日が一変します。考えることが減れば、毎日のストレスも減るのです。

もちろん完璧にできる人ばかりではありません。最初の一歩なのに躓《つまず》くこともあるかもしれません。それでも「目覚めは大切にしよう」という、その心構えを習慣化していくと、そうでない人に比べて、人生の捉え方に大きく差がついていきます。

頭でっかちで動けなかった毎日から解放され、ひらめきと行動の間に一切の迷いがなくなると、毎日がとても清々《すがすが》しく感じられるはずです。

人に対して「～してくれない」と思ってしまう

食べたあとに自分の食器を洗わない。

雨が降っているのに、洗濯物を取り込んでくれなかった。

してもらって当たり前だと思っている。

家族に対しては、このような日常の些細《ささい》なことでも、私たちはイライラしがちです。時々ならいいのですが、毎日のようにイライラすることが続くと気が滅入ってしまいます。もしも夫婦ならば、「いっそ離婚したほうが幸せかも」と、離婚の危機につながる可能性すらあります。

こうしたイライラが起きるのは、家庭だけではありません。職場であっても、「なぜ指示した通りに仕事をしないんだ」と部下にイライラしたり、適切なフォローをしてくれない上司にイライラしたりすることもあるでしょう。私たちの暮らしのさまざまなところに、イライラの種は潜んでいるのです。

できれば、イライラせずに穏やかにコミュニケーションをとりたいものです。そのとき、多くの人はイライラの原因を取り除こうとします。「子どもがちゃんと片づけをしてくれたら、私もイライラしないのに」とか、「部下の遅刻が直れば、イライラしなくなるのに」といったように。

しかし、私たちは他人を変えることはできません。そうなってくると、いつまでたってもイライラする状況が続いてしまうようにも思えますが、どうすればよいのでしょうか？

ここでも、カギは「自分自身を大切にすること」です。他人のほうばかり向いてイライラするところを探してしまうのではなくて、自分自身に目を向けてみるのです。

自分が心地よいと思える環境に、今の環境を整える。「嫌だな」「不快だな」と思うことからは、離れてみる。イライラを解消するためにまずするべきことがあるとしたら、そういったことだと私は思っています。

人は、自分を尊重している以上に他人を尊重することはできません。「自分に厳しく、他人には甘く」なんて言葉もありますが、それはあり得ないことだと、私は考えています。自分に厳しい人は他人にも厳しいし、自分を尊重できる人は他人も尊重できる。これが事実だと思うのです。

例えば、勤勉で自分を律している人は、自分の子どもに対して「ぐうたらで怠け者でもいいんだよ」とは決して思わないでしょう。自分に厳しい人は、間違いなく他人にも厳しいのです。

自分のことを心から好きだと思えない

私たちは、「本当の自分」がどこか隠れたところにあって、それを知りたいと思っています。よく心理テストでも、「あなたの○○度をチェックしましょう」というようなタイトルのものに心をひかれることがありませんか？

書店でも、「隠されたあなたの強みを見つけましょう」とか、「あなたにはこういう資質があります」といった本に心をひかれたりするものです。

占いや自己分析もその類《たぐ》いで、私たちは、自分がまだ見つけきれていない本当の自分があると、どこかで信じているのかもしれません。

そしてそれは、裏を返せば、自分らしく生きられていない、どこか自分を抑圧しているという表れなのかもしれません。

私は環境問題に強い関心を持っており、一般社団法人環境ネットワーク鹿児島を設立するなど、鹿児島県を中心にさまざまな活動をしています。

環境問題に関連して、SDGs（持続可能な開発目標）が最近ではいろいろなところで聞かれるようになりました。SDGsでは「世代を超えてすべての人が自分らしくよく生きる」ことをベースにしていますが、ひと昔に比べると、多様性が認められ、受け入れられる社会になってきました。生物学的な性別と、自分が認識する性別が別であってもよい時代になりましたし、働き方も今までのように「ここと決めたら、石にかじりついてでも一生働き抜かなければならない」というような価値観はほとんどなくなりました。

自分らしくよく生きる世界を作るという流れは、世界規模で起きています。一方で、日本国内を見てみたとき、私たちは自分らしくよく生きているといえるか、疑問が残ります。

私たちは和を重んじ、調和を重んじることに長《た》けています。これは日本人ならではの素晴らしい民族性で、世界からも日本のこの民族性は高く評価されています。

しかし、一方で、自分らしくよく生きることを抑圧している人も多いのではないでしょうか。

ある調査では、日本人は他の国々に比べて、自分のことを好きだと感じる度合いが低いという調査結果が出ています。日本人の多くは自己肯定感がとても低いのです。

今この本を読んでくださっているあなたにも、同じ質問を投げかけてみたいと思います。

あなたは、自分のことが好きですか？

なかには、今この瞬間まで、そんなことは考えたこともなかった、という方もいらっしゃるかもしれません。私はよく中高生に向けてお話しさせていただく機会があるのですが、悲しいことに、この質問を中高生にしたところ、「自分のことはあまり好きではない」と答える子どもが非常に多いのです。

人は、何かを持っているから愛されるのではない

多くの人が、自分を好きになるには何らかの条件を満たさなければならないと感じています。例えば、お金を稼げるだけのスキルがあるかとか、勉強ができる、スポーツに長けている、人から慕われる、人望がある……。

本当に自分のことを好きになるということは、自分のことを今のまま、ありのままで尊重できるということです。しかし、ありのままの自分を尊重できる、好きだと思える人は非常に少ないのです。

自分を好きになれない状態は、不幸です。幸せとはいえません。

いくらお金があっても、自分で自分のことを愛し、尊重できない人は、幸せにはなれません。いくら頭脳明晰で仕事ができても、いくら人望を集めても、自分自身が自分のことを愛せなければ、その人は幸せを感じられないのです。

アメリカ合衆国のハーバード大学で、人の幸福度を決める要素について、ある研究がなされました。ハーバード大学に通う男子学生と、ボストンの貧しい環境で育った少年たち、７００人以上を75年にわたって追跡調査したのです。

その結果、最も人を幸せにし、健康を維持させるのは、お金でも名誉でもなく、身近な人との質のよい関係だという調査結果が出ました。

身近な人というと、真っ先に家族が思い浮かびます。例えば私なら、妻と子どもが最も身近な人です。独身の方は、両親や兄弟かもしれません。おじいちゃんおばあちゃんと暮らしている方は、おじいちゃんおばあちゃんが最も身近な家族といえるでしょう。なかには、友人が最も身近な人という人もいるかもしれません。

血がつながっているかどうかは関係なく、あなたに最も近しい人との良質な人間関係こそが、あなたを幸せにするのです。

もしも今、あなたが人生に物足りなさを感じているのだとしたら、身近な人との関係を、見直してみてほしいのです。

感じている感情の奥にある「一次的感情」に気がついてあげる

かつて、**『メル返待ちの女』（織田隼人著・主婦の友社）**がベストセラーになったことがありました。「メールの返事」（メル返）を待って、イライラしたり、寂しさを感じたり、不安になったりする女性の心理を描いた本です。

あなたにも、メールを出したのに相手から返事がこず、イライラした体験がありませんか？

恋愛中の彼氏や彼女から連絡がなかなかこない。そんなとき、あなたの心は心配や不安や悲しみで満たされていきます。

こうした心配や不安、悲しみの感情を「一次的感情」と呼びます。一次的感情とは「根源的な感情」であり、「恐れ」といい換えてもいいでしょう。そのうちに、「なぜ、こんなに心配しなければいけないのか？」と、彼氏・彼女の無頓着《むとんちゃく》な行動に対する怒りへと感情が転化していきます。

そして、あなたをそこまで心配させ、不安に追い込み、悲しい思いをさせたパートナーと心のバランスを取るために、「怒り」という正反対の感情が強く生じてくるのです。

あとから生まれるこうした感情を「二次的感情」と呼びます。二次的感情の特徴は、衝動的なことです。「ムカッ」「カチンッ」「イラッ」と表現できます。いわば攻撃的な感情、〝責め心〟といい換えてもいいでしょう。


怒り／不機嫌／不平不満／焦り／イライラ／妬《ねた》み／嫉妬《しっと》／恨み／憎しみ

このような二次的感情に浸る時間が長ければ長いほど、〝不都合な事態〟が巻き起こってきます。例えば、病気やケガ、家庭不和、人間関係のほころび、仕事や事業の不振などです。

家族や職場の周囲の人たちに対して〝責め心〟が出てきたら要注意です。そんなときには、一歩立ち止まって、「私は何を恐れているのだろう？」と自分に問いかけてみましょう。

私たちの生活は、組織や集団を基本に構成されています。企業や学校などが、その典型です。そして、人は誰でも、組織や集団のなかで温かな喜びで周囲とつながることを求めています。

人間の欲求はそうした必要性に駆られた集まりだけでは飽き足らず、新たな出会いの場を求め、新たな人と出会い、情報を交換したり、共感し合ったりすることを好みます。

こうした欲求を、心理学的には「親和性欲求」と呼びます。いい換えると、人は本質的に、「とにかく他人とつながりたいし、ツルんでいたい生きもの」なのです。

家族や友人、恋人を喜ばせたい。

会社でも上司・同僚・部下と、幸せにつながりたい。

そう思っているはずなのに、自分の衝動的な感情につい振り回されてしまう……。

そんな自覚症状のある方も多いのではないでしょうか？

根源的な一次的感情をきちんと探り当てること。「ひび割れさん」にならないために、これはとても大事なプロセスです。

ぜひ、恐れているものを明らかにし、「これは本当に恐るべきことなのか？」と自分の心のなかを覗《のぞ》き込んでみてください。冷静になるだけで、二次的感情がいつの間にか消えていることに気づくでしょう。

この〝気づき〟を繰り返すだけで、また同じような場面を迎えても、イライラする二次的感情に振り回されなくなります。こうした感情のコントロールは、他者とつながり幸せに生きていく上で必要不可欠な技術なのです。

なかでも大切なことが、一次的感情に気づき、思っていることを伝えることです。

例えば私の場合、「イライラ」や「怒り」は一次的感情ではなく二次的感情で、その奥にある一次的感情は「悲しみ」「寂しさ」でした。イライラを他人にぶつけても一次的感情が癒《い》やされていかないので、何の解決にもなりません。むしろ、関係が悪化してしまうこともあります。しかし「本当はこのことでとても悲しい思いをしている」と一次的感情を相手に伝えることができれば、その感情が浄化されていくのです。

心の奥にある本当の感情を認識して、思い癖を整える

友達にＬＩＮＥをしたけど、一向に既読にならない。

同僚の集まりに、自分だけ呼ばれなかった。

こんなとき、多くの人は「私が人に何か怒らせるようなことをしてしまったのかな……」と悩んでしまうものです。

しかしその感情の奥を探ってみると、「自分だけが辛い目にあっている」「自分だけが損をしている」というような被害者意識が隠れていることがあります。

一次的感情と二次的感情の話を思い出してみてください。自分で認識している感情は二次的感情で、その奥に、一次的感情という本当の気持ちが隠れていることがあるのです。

先ほどのＬＩＮＥが返ってこないというケースでも、「私が何かしたのかしら」

と一見加害者意識を持っているように見えますが、「私は悪くないのに、向こうが怒って私のことを無視している」という「被害者意識」が根底に隠れています。

厄介なことに、こうした被害者意識を持っているときには、さらに被害者意識を強く感じさせられるような出来事が起こったりします。

例えば、レストランで自分だけ料理が出てくるのが遅かったり、会社の飲み会のお誘いが自分にだけこなかったり。他にも、自分がコピーを取るときに限ってトナーが切れる、紙が詰まるなど。本当に笑ってしまうようなことが連続して起きることもあります。

「自分だけ料理が出てこなかったのは、スタッフのミスでしょう」「飲み会のお誘いがこなかったのは、単に忘れられていただけ。私の意識とは関係ない」とあなたは思うかもしれません。

しかし、私はやはり、意識と現象は強く関連していると思っています。

これは、被害者意識だけに当てはまることではありません。自分が知らないうちに抱いてしまっている劣等感や人に対する不信感、孤独などの感情なども、現象として現れてきます。劣等感が強い人は、より劣等感を感じる出来事が起こる。孤独を感じている人は、さらに孤独を味わうような出来事が起こることがあるのです。

裏を返せば、自分にいま起きている不快な出来事から、自分が無意識のうちに信じてしまっている思い込みや観念を突き止めることができるはずです。

「どうして自分だけ？」と思ってしまうことが多いとしたら、「ああ、私は被害者意識を抱えているのだな」と分かるのです。

無意識のうちに自分のなかに抱え込んでしまった価値観や観念を、一つひとつ突き止めるのは簡単なことではありません。しかし、起きている現象をとっかかりにすれば、たやすくたどり着くことができます。

見つかった価値観を手放したければ手放せばいいし、まだそのタイミングじゃないと思えば、「ああ、こんな価値観を持っているんだな」と頭のなかに留めておくだけでもいいのです。

自分の無意識の価値観に気がつかないうちは、お店で不快な思いをしたなど、自分にトラブルが降りかかってくるかもしれません。しかしそういった体験を通じて

「ああ、こんな価値観をまだ持っていたんだな」と気がつくことができれば、そのうち、自分が体験するのではなく、そういったシーンに遭遇するだけになっていきます。

最初のうちは、レストランに行って自分だけ料理が出てこなかったのが、気づきが進んでいくと、料理が出てこないとクレームを言っている人に遭遇するとか、「この間、お店で料理を頼んだのにぜんぜん出てこなかった」と話している人に遭遇するといったように、気づきに合わせて状況も変化していくのです。

宝物探しをするつもりで、もういらない価値観を探してみるのも意外に楽しいものです。

本当の感情に気づいてあげられると、自由になれる

お恥ずかしい話ですが、私も無視をされて、子どもに辛く当たってしまった経験があります。

私は地方企業の視察や講演会が多いため、毎月、何度も出張がありました。出先では家族へのお土産を必ず買うことにしています。家族を喜ばせたいからです。

2005年のこと。愛知県へと出張し、帰りは空港でお土産を買い、帰宅したのは夜9時でした。

「ただいまー」

そう呼びかけても返事はありません。

私の家は大邸宅ではないので、聞こえていないはずがありません。私は気を取り

直し、もう一度トライすることにしました。お茶の間のドアを開けながら、お土産を目の高さに引き上げて言います。

「ただいまー、ただいまー！」

私の目には家族の姿が飛び込んできました。妻と長女、次女、長男、４人ともそろっています。テレビのお笑い番組がちょうど佳境のようで、手を叩いて大爆笑。どうやら私の声は完全にかき消されていたようで、帰ってきたことにすら気づいてもらえていなかったのです。

思わずムッとして、不機嫌な口調で三度目の「ただいまー！」を告げました。その声に最初に気づいたのが妻です。

「あら、お父さんお帰り。ごはんまだでしょう？　すぐに支度《したく》するね」

と腰を上げてくれました。今にして思えば、「ああ、やばいやばい。お父さんがこれ以上機嫌が悪くなりませんように」と取りなしてくれていたのかもしれません。

私はすでに不機嫌でした。小学6年生だった長男に嫌ないい方をしてしまいました。

「まったく、くだらないテレビばかり見て。ちゃんと勉強してるのか？」

お土産をあげて喜んでもらいたかったのに、家族が団欒《だんらん》している場の空気を壊してしまったのです。

お茶の間では「お父さんの席」が決まっていました。テレビの正面です。ただ、仕事や飲み会で遅くなることも少なくありません。たまたま、その日は20歳の長女がその席に座っていました。妻は気を利かせて声をかけました。

「お姉ちゃん、お父さんごはんまだなんだって。だから、ほら。席を替わってあげて」

長女はこれに口答えをします。

「えー、私だって今やっとゆっくりお茶飲んでるんだから。お父さんはそっちに座ればいいじゃん」

隅の一角を指しました。私はカチンときていい返しました。

「お前がそっち行けって！」

「何なの？」と長女は不満顔。突然、テレビを消して、2階にある自分の部屋に行ってしまいました。18歳の次女と長男も、「えー、もう何で？」と嘆きながら2階に引き上げていきました。

「しまった」と思ったものの、後の祭りです。誰も居なくなったテーブルに食事を運びながら、妻が言いました。

「あら、誰も居なくなっちゃったのね」

私には「余計な一言」にしか聞こえませんでした。

「俺が悪いわけ？」

さらに不機嫌になり、暗い雰囲気を醸し出しながら、一人黙々とごはんを食べたのです。こうなるともう、お土産を囲んで喜びでつながるどころの話ではありません。私の衝動的な感情から家族の団欒の場を壊し、自分まで嫌な気分に陥ってしまいました。

なぜ昨夜は、機嫌が悪くなってしまったのだろう？

翌朝、私は自分の本当の心、一次的感情を探ってみました。その結果、分かったことがあります。

「ただいま」と帰ってきても、無視されたり、受け入れられなかったりすると、私の心は寂しさや不安を感じていました。その結果、不機嫌になったのです。当時の私は寂しさや不安を感じられないまま、責め心の二次的感情で家族に接していました。

本当の心、一次的感情を探り当てたら、その感情をそのまま表現すればいいのです。例えば、家族に対して、「『ただいま』といって、返事がないのは寂しいもんだよ」とはっきり伝えるべきでした。

自分の行動の奥に潜む感情に気づくことで、コミュニケーションは劇的に変えられます。周囲との関係を良好なものへと向上させるチャンスにしましょう。

「～べき」が口癖になっていませんか？

「現状で満足してはいけない」

「自分に厳しくしなければ、怠けてダメ人間になってしまう」

私たちは、こんなふうに考えがちです。なかには、親や先生からそんなふうに教わってきた人もいるかもしれません。さらに、「仕事に楽しさを求めてはいけない」とか、「人生は修行である」というような考えを持っている人もいます。

それが間違っているとはいいませんが、その考えを持ち続けることによって疲弊《ひへい》してしまうのなら、思い切って一度手放してみませんか。

私たちは待ち合わせ時間に1分でも遅れたら、「仕事ができないと思われる」「ダメなやつだと思われる」と自分を責めたり相手を責めたりしがちです。しかし、日本ほどきっちりと時間を守る国民性を持つ国は、他にありません。

もしも「こうであらねばならない」「こうするべきだ」という完璧思考に縛られているのなら、そこから少し離れて、ダメな自分、ドジな自分、ラクなほうに行ってしまう自分のことも、「こういうところもあるけど、まあかわいいやつだ」という感じで許してみるのはどうでしょうか。

確かに、いつもだらだらゴロゴロしているのは、精神衛生上よくありません。だからといって、自分を「ダメなやつだ」と責める必要は一切ありません。まだだな、と思うことがあったとしても、「今はできなかったけど、こういう欠点があるんだな」「徐々に直していこう」と頭に留めておくだけでも十分なのです。

自分で自分の「至らないな」「まだまだだな」と思うところを許せるようになると、自分自身に対する肩の荷がふっと降りて、ラクになります。そうすると心にも余裕ができて、他人にも優しくなれるものです。

人とうまくやろうとする必要はない
自分が心地よく思えることを優先する

私たちは、「他人とうまくやらなければならない」「人間関係を壊してはならない」というような思い込みを持つことが多々あります。

その場の空気を壊したくないがために、「いいたいことを我慢したほうがいい」と口をつぐんだり、関係が壊れることを恐れるあまり、「私が悪者になろう」と悪役を買って出たりします。和を尊重し、関係を守ろうとするあまり、自分のことを犠牲にしがちなのです。

その結果、人間関係が嫌になって引きこもりがちになってしまったり、人と深く関わることが苦手になることもあるのではないでしょうか。

しかし、そもそも人間関係というのは、そんなにうまくしないとダメなものなのでしょうか？

良好な人間関係とは、そこにいるすべての人が自分らしくあることだと私は考えています。

だとすれば、「その場の空気を壊さないように、いいたいことを我慢している人がいたり、不快だと思っているのに、取り繕って笑顔でいる人がいたりする」のは、よい人間関係とはいえません。

まずは、自分が心地よいと思えること。それが何よりも大切なことなのです。

もしもあなたが人間関係で疲れているのなら、「自分に足りないところがあったのではないか？」と足りないところ探しをするのではなくて、自分で自分を満たしてあげることを始めてみてください。

もちろん、方法はなんでも構いません。「最近疲れていてゆっくりしたいな」と思ったら、思う存分ゴロゴロするのもいいでしょうし、好きなことを思いっきりしたいなら、スマホの電源を切って、自分だけの時間を確保するのも一つの方法です。

美味しいものを食べたいと思ったら、その日は思い切って贅沢《ぜいたく》して、いつもより少し高いお店に入ってみるのも楽しいものです。自分で自分を満たすことができたら、他人との関係でも見えてくる景色が変わるはずです。

第4章

労働ではなく、喜んで働く

存在の原理

「これでよい」から、「どう在るか」へ

第3章の**全個皆完の原理**は、「今ここに在るすべてのものは完璧である」という原理でした。第4章ではさらに進んで、「在る」だけでなく、「どう在るべきか」ということに触れていきます。それが、**存在の原理**です。

目の前に、1本のペンがあるとイメージしてみてください。**全個皆完の原理**によれば、ペンはここに在るだけで完璧であり、インクがつかなかったとしても、キャップがどこかにいってしまったとしても、「インクがつかないペン」として完璧であって、何一つ過不足はありません。

しかし、仮にペンの気持ちになってみたとしたらどうでしょう。それで満足できるでしょうか？　せっかくペンに生まれたのだから、ペンとして使われたい、役に立ちたい、と思うものではないでしょうか。

一時期、「自分探し」がとても流行《はや》った時期がありました。今でも、私たちは自分の天職や使命に興味があって、「自分は何のために生まれてきたのだろう？」と無意識にでも問い続けている人は多いのではないでしょうか。

それはまさに、机の上に置かれているペンのように「役立つそのとき」を待っている、そんな状態にも思えてきます。

ペンやノートなど、何かに使うために生み出された道具や物については、何のために使えばその物を最大限活かすことができるかが一目瞭然《いちもくりょうぜん》です。しかし私たち人間は、そうはいきません。私たちは道具ではないし、誰かのために生まれて存在しているわけでもないからです。

天職や使命といったものを探してしまうのは、私たちが何のために生まれてきたのかが、外からは分からないからかもしれません。

私たちの在り方について考えを深めるためにも重要な視点が、「静」と「動」という視点です。

存在の原理では、「在る」ということを、「静」と「動」で示しています。先ほどのペンでたとえてみると、「静」とは、ただペンがペン立てや筆箱のなかにある状態、そして「動」は、ペンが使われている状態を表します。「静」の状態のままでは、ペンは何の役にも立っていません。しかし、誰かの手に取られ、文字を書くために使われるとき、ペンは役に立っています。これが「動」の状態です。

「どう在るか」ということを考えるときには、この「静」と「動」の視点を持つことがとても大切です。

机の上に転がったペンで一生を終わるのではなくて、やはりペンは「書く」ことに使われてこそ意味がある。だとすれば、進んで世の中の役に立っていくことが大事だということです。

自分のことを尊重し、自己肯定感を高く持つ。それは非常に大切なことですが、自己肯定感を高く持つということは、自分のためだけに行動する、自分のためだけに自分を活かす、ということではありません。

周りに対して自分の力を出し切る。人の役に立つ働きをする。つまり、「周りにささげきる」ときに、自己肯定感が大きく高まり、周りと一体となれるのです。

しかしそうすると、今度は「どうやって役に立つのか」という疑問が生じます。「私はペンとして役に立ちたい」と積極的に思うことが大事なのか、与えられた役割をまっとうすることが大事なのか、どちらなのでしょうか。

この問いに対し、丸山敏雄先生は、自分が一方的に「自分はこれをする」と決めて役割を担うのではなく、我を捨てること、つまり「捨我《しやが》」で求められるものに対して全力で応えることが大切と教えています。

したくない仕事も、喜んで受け入れる

「求められるものに対して全力で応える」ということについて、もう少し見ていきましょう。

人はさまざまなコミュニティに属していますが、そこではどんな人でも、何らかの役割を担っています。仕事で役職に就いているとか、ある部署で何かを担当しているなどというのも役割の一つですし、母として子どもを育てるのも役割の一つです。子どもたちも、家では子ども、学校では生徒など、いろいろな役割を担っています。そしてどんな役割にも、嫌なこと、したくない仕事が降ってきます。そんなときにどのような心持ちでいれば、自分が幸せでいられるのでしょうか。それを、静と動という視点で考えてみるのです。

静とは、自分の役割を喜んで受け入れること。そして、動とは、受け入れるだけではなくて、主体的に働くことです。嫌々働くのではなく、嫌な仕事のなかにも楽しみを見出し、楽しむ工夫をするのが「動」というわけです。

ここで気になるのが、「そうやって嫌な仕事を楽しむ工夫をするのはいいけど、それって嫌な環境にずっと居続けることになるのではないの？」という疑問です。ブラック企業に就職してしまい、毎日毎日遅くまで仕事をしなければならない。そんな状況でも、楽しもうと努力する必要があるのでしょうか？

この点において私は、これらの原理をしっかり理解して使いこなすことができれば、そもそもそのような状況にすら陥らない、と考えています。それはなぜか。第1章の**全一統体の原理**のところで見たように、すべてが一つだからです。

つまり、楽しもうと工夫していると楽しいと思える現実がやってくるし、ポジティブに生きていると、ますますポジティブに思えるような現実がやってくるのです。

仮にどうしようもなく辛い状況に置かれていたとしても、「静」と「動」を駆使して、喜んで受け入れ、楽しみながら働くことによって、あなたに起こる現象にも変化が起きてきます。

自分を整えておけば、自分にとってプラスになる仕事がやってくる

倫理法人会では、すぐに「ハイ」と受け入れることをとても大事にしています。倫理法人会では毎週経営者モーニングセミナーが行われており、そこでは役員がお世話役などの仕事をしています。

役割が自分に回ってくることもあります。「この役割をお願いします」と指名されたときには、できるかどうかを考える前に、とにかく「ハイ」と間髪入れずに返事して受けることが、よしとされています。そこには躊躇《ちゅうちょ》はありません。そして、この考え方こそ、**存在の原理**からくるものです。

一瞬でも返事を躊躇してしまうと、「どうやって断わればいいだろうか」と頭のなかで考えが巡り始めます。これはＰＴＡの役員でも、マンションの管理組合の仕

事でも、職場での何らかの係でも同じです。

「お願いします」と言われたときに一瞬でも躊躇してしまうと、そこから迷いが生じてしまいますし、打算が入ってきます。それでも「やります」という結論に持っていくためには、考え直す作業が必要になるでしょう。

間髪入れずに「ハイ」と返事をすることですぐに動き出すことができ、それがいい仕事につながっていくのです。

素直な心の状態でいるときに自分に降ってきたり頼まれたりすることは、自分にとって本当に必要なことなのだと、私は考えています。

逆算的ですが、「今の私に降ってきたものが、私にとって悪いものであるはずがない」そう思えるように、常に自分をよい状態に整えておくことが、私たちにとってとても大切なことなのではないでしょうか。

労働ではなく、喜んで働く。「喜働」でいよう

あなたにとって、仕事とはどういったものですか？　辛いものですか？

あなたは、なぜ今の仕事をしているのでしょうか？

少し、考えてみてください。

「食べるために仕方がなく働いている」「月曜日の朝は電車に飛び込みたくなるくらい、仕事に行きたくない」そんな心境で働いてるときというのは、あなたができる本当の働きが発揮できているとはいえません。

「喜んで働いている」ときにこそ、私たちは自分の能力を発揮でき、本当の意味で世の中に貢献する働きができるのです。そして世界も広がっていきます。

この「喜んで働く」ことを、私たちは「喜働《きどう》」と呼んでいます。

楽しく喜んで仕事をしているとき、私たちはいつも以上に成果を上げることができます。働いている時間もあっという間に過ぎていきます。仕事なのでもちろん疲れはしますが、その疲れも心地よい充実感とともに感じることができるのではないでしょうか。

一方で、やりたくない仕事、本当に嫌な仕事に対しては、やる気も湧きませんから成果も上がりません。嫌なことを何とか頑張ってする、というのは精神的にも非常に負担がかかり、ストレスも溜まってしまいます。

とはいえ、仕事が何もかも面白くできるわけではありません。時には単調でつまらないと感じる仕事や、やりたくない、と思うような仕事もあるでしょう。

喜んで働ける仕事を探すのではなく、今、目の前にある仕事を喜んで働けるように工夫する。これが、『万人幸福の栞』で書かれていることです。

例えば、会議室を準備するという仕事をするとき。テーブルを拭くのでも、「このテーブルを使って学ぶ人が気持ちよく学べますように」と少し思いを込めてみると、少し楽しくなってきませんか？

そうやって、目の前の仕事を喜んで働けるような心境に、自分の心を切り替えていくのです。『万人幸福の栞』では、働くことこそが最高の喜びをもたらしてくれるといっています。どんな仕事でも喜んでやっているうちに、もっと大きな喜びを得られるようになるというのです。

しかし、嫌々やっているうちは、大きな喜びを得るチャンスを逃してしまいます。それは、とてももったいないことです。


欧米では、仕事とプライベートを完全に切り分けることが幸せなことのように語られることがあります。アメリカなどでは、45歳くらいで一生分の仕事を終えて、あとはリタイアして悠々自適に暮らすことが理想的な幸せの形のように語られます。

しかし、日本人にはこうした価値観はなじまないのではないかと私は考えています。むしろ日本人は、一生何らかの仕事をしていきたい、一生誰かの役に立ち続けたいと考える方のほうが多いのではないでしょうか？

現役時代はバリバリ働いていたのに、定年退職したとたんに鬱《うつ》のような状態になってしまったり、体調を崩して病気になったりする男性が多いのは、定年退職によって、自分の仕事がなくなって心に張りをなくしてしまうからです。

単に「お金を稼ぐ仕事がなくなった」というだけでなく、「自分が社会にとって役に立てる場所」がなくなってしまったことが、こうした鬱や落ち込みに大きく影響しているのではないでしょうか。

報酬やお給料が発生するような「仕事」だけでなく、私たちは、みんな何らかの仕事をしています。主婦の方なら子育てや家事が仕事でしょうし、独身で家族がいないという方でも、趣味のサークルで責任者をしていたり、ボランティア活動をしていたりするなら、それが立派な仕事です。

このように仕事というものの概念を広げていくと、私たちの生涯のうちで働いている時間はものすごく長いわけです。それなのに、仕事が楽しくない、嫌々やっているというのは、非常にもったいない。人生を無駄にしているといっても過言ではありません。

私たちにとって「仕事」とは、自分の最高の喜びを追求するためのものなのです。『万人幸福の栞』では、「人は働けば健康、怠ければ身体は弱る。何とかして仕事はすまい。でもうまいものは食べたい。ラクはしたいと願うようなことは、すべて間違っている」といっています。

私も、サラリーマンとして働いているときは、仕事そのものよりも、仕事で稼いだお金で家族と旅行に行ったりすることのほうが大きな喜びだと思っていました。しかし、縁あってずっとやりたいと思っていた環境問題に関する啓蒙活動の仕事に就くことができ、今の仕事を天職だと思えるようになってからは、働くことこそが最高の喜びだということがとてもよく理解できるようになりました。

この考えを決して強制するわけではありませんが、こうした喜びを、たくさんの人にも味わってほしいと思います。

覚悟を持って取り組んでいると自然と仕事が広がっていく

『万人幸福の栞』では、「自分のなかで覚悟を持って臨む。決心して臨むと道が開ける」とあります。

もしも今、「こうありたい」と思うことがあるのであれば、覚悟を持って「自分はそうある」と決めてしまいましょう。そして、120パーセントの力で楽しむ。そうすることで、道が開けていきます。

私は、今、講師として環境問題や心の問題のことなどをテーマに、さまざまなところで講演をさせていただいています。しかし、最初から「講演会の講師として活動しよう」と考えていたわけではありませんでした。

環境問題について関心を持ち始めたのは1995年くらいの頃ですが、その頃はもちろん講師としての経験はありません。そこで、環境問題に詳しい講師を鹿児島にお呼びして講演会を開催しました。

そのときに、参加してくださった方に「今後もこうした講演会を続けていくので、手伝っていただけますか」ということでアンケートをとりました。すると30人くらいの方が、「スタッフになっていろいろ手伝います」と答えてくださったのです。

そうやって環境問題について啓蒙活動をしていると、あるとき、PTAの関係者の方から「うちでオゾン層に関する話をしてくれませんか?」と打診されました。経験がないのでお断りするべきかとも考えましたが、どうしてもやりたい仕事です。そこで、こう伝えました。

「経験はありませんが、これから勉強します。冒険かもしれませんが、それでもよければぜひやらせてください」

そのように返事をすると、先方が快諾してくれました。それで資料を作り、準備を整えて1時間弱の講演を初めて行うことができました。

すると、その講演を聴いていた方から「うちにも来てほしい」と依頼をいただいたのです。

「うちは2時間あるから、オゾン層破壊と紫外線の話に加えて、地球温暖化の話をしてほしい」とのことでした。もちろん2時間の講演も未経験でしたから、同じように「これから勉強します。それでもよければぜひやらせてください」とお答えしたのです。

最初の1年は、そうやって勉強をしながら講演の仕事をさせていただきました。通算で8回くらいお仕事をいただくことができたでしょうか。全力で向き合っているうちに、2年目には20回以上、3年目には80回以上の講演のお仕事が来るようになったのです。

そしていつしか鹿児島県のアドバイザーになったり、鹿児島大学の非常勤講師になったりするようになり、２００８年には、**かごしま環境未来館**の相談員として入ることになりました。そして今は、理事兼事業課長という立場で、運営の責任者をさせてもらっています。

ここまで仕事が広がっていったのも、私のなかに「環境問題の語り部《べ》になる」という覚悟があったからだと思っています。それに加えて、やはり喜びを感じながら仕事をしていたことも大きいと思います。

先に「喜働」という言葉をご紹介しましたが、まさに喜働が成功や発展、豊かさをもたらしてくれたのです。

『万人幸福の栞』には、「目の前に来たあらゆるときを捉えて、断固として善処する」という表現があります。

どんなことであっても、覚悟や決心をして物事に臨む、気づいたことは全部やっていく。出会いでも、依頼されたことでも、自分の目の前にきたものに対しては全力でその働きをまっとうする。それが、豊かさにつながっていくのです。

必要なものは入ってくる。わざわざ探し求めなくていい

私たちの周りには、暗いニュースが溢れています。戦争や新型コロナ感染拡大、犯罪、政治に関すること、環境問題……。さまざまな規模でこうした暗いニュースを目にする機会が非常に多くなっています。

私たちが社会貢献をしたい、社会的な課題に目を向けたいと思ったとき、こうした暗いニュースを避けて通ることはできません。ただ、あまりにも暗いニュースばかり見ていると、気持ちも滅入ってしまいます。そんなとき、どうすればよいのか、世の中の情報との関わり方で悩む方も多いのではないでしょうか。

私は実は、あまり難しく考えてはいません。「必要なことは入ってくる」と思っているからです。それが環境のことであっても仕事のことであっても同じで、自分

を整えてさえおけば、入ってくる情報の質は担保される。要するに、自分にとって必要な情報だけが入ってくる。このように考えているのです。

もちろん私も、昔はそこまで自然の摂理《せつり》や秩序というものを信頼していたわけではありません。何か自分にとって必要な情報はないかと、一生懸命、書店に通って文献を探していたこともあります。

ただ、今は少し違います。必要な本は、誰かが「これ読んでみたほうがいいよ」といって貸してくれたり、ふと電車に乗っているときに広告が目に留まったり、まったく関係ないことをしているのになぜかタイトルが気になったりして、こちらから必死に求めなくても出会えるようになってきました。

これは**全個皆完の原理**にも通じることですが、果たして情報に「よい・悪い」という色をつけているのは誰なのか、と考えることがあります。

いま大騒ぎになっている問題が、果たして本当に大きな問題なのか？　そもそも、大きな問題として話すようなことなのか？　そういったことを考えるようにもなりました。

確かに、私たちは社会の一員である以上、社会に無関心ではいられません。ただ、社会的な問題に目を向ける前に、「自分はどう在るのか」という自分の軸をしっかりとする、自分を整える。そのほうがはるかに大事だと私は考えています。

あなたに見えている社会もまた、あなたの心を反映して現象化しているのです。もしも悲しみや、憤《いきどお》りを感じるようなニュースばかりがあなたの周りに溢れているのだとしたら、あなたの心の在りようを振り返るタイミングなのかもしれません。

自分を整えることで、つながっている世界の質が変わっていく

鹿児島は、静岡県に次いでお茶の産地として有名です。

鹿児島に「**下堂園**《しもどうぞの》」というお茶の会社があります。これは下堂園の社長のご子息から聞いた話なのですが、新茶を仕入れるときに、生産者を隠してお茶を並べる「**聞き茶**」をすることがあるそうです。

お茶の生産者に、Tさんという方がいます。自分の畑だけではなくて、農機具や農機具をしまっておく倉庫に至るまで、とてもきれいに整理整頓をしている方だそうです。

聞き茶をすると、Tさんのお茶だけは「これはTさんのお茶だ」と、必ず聞き分けがつくのだそうです。

「Tさんが作るお茶は、味がぜんぜん違うんです。だから、ベテランはすぐにTさんのお茶が分かります。聞き茶をしている人同士で、『これはTさんだ、間違いないね』という話になる。そしてTさんのお茶の金額が決まっていくんです」

下堂園の社長のご子息は、このように話してくれました。

植物もまた、それを育てている人の心境ととても深くつながっているのです。ですから、自分自身を整えることによって、育てている植物の質が大きく変化するのです。

正当な報酬を求めることは、欲張りなことではない

なぜか年収が上がらない。臨時収入が入ってきても、そんなときに限って急な出費が重なる。

お金に関する悩みはさまざまですが、お金について悩んでいる人に共通していることがあります。それは、お金に対してあまりポジティブな意味合いを与えていないことです。

「お金持ちは何か汚いことをして儲けている」というような極端なイメージを持っているような人は減っているかもしれませんが、「働いた分に見合う報酬を請求することができない」とか、「つい値引きしてしまう」「見積りを出すときに、低く見積もってしまう」というように、正当な対価であってもこちらから金額を決めることに抵抗がある人は、まだ多いのではないでしょうか。

請求すべき金銭を妥協なく要求することは人として当たり前のことであり、なんら恥ずべきことではありません。そればかりではなく、かえって生活にはっきりと筋道を立てる行為でもあります。

人によっては、「消費税分をまけてほしい」とか、「端数は切り捨ててほしい」というような値切り交渉をされ、納得のいかないままに「分かりました」といって押し切られてしまう人もいるかもしれません。

そんなときには、「すみません、うちの大事な利益になるものですから、値切ることはできません」ときっぱりと拒否して構わないのです。報酬通りに請求することを「欲張りだ」と考える必要は一切ありません。

「金銭を得る人は無欲の人」という丸山先生の教えもあります。欲張りだから報酬を請求できるのではありません。むしろ無欲だからこそ、自信を持って報酬を請求できるのです。

お金の対価は「感謝」

あなたは、お金はなぜ自分に入ってくると思っていますか？　いい換えれば、お金の対価は何だと思いますか？

「お給料は我慢料」「お金は労働の対価である」という考え方が主流かもしれませんが、そうではありません。お金の対価は、感謝なのです。人に喜んでもらった対価として、あなたにお金が入ってくるのです。

ですから、より人を喜ばせ、より多くの感謝を受ける人に、多くのお金が入ってくるのです。

『万人幸福の栞』には、「大富豪は無欲姿勢の人」という言葉があります。これも実は当たり前の話であって、人よりもたくさんお金を稼いでいる人は、それだけたくさんの税金を国に対して払っている人でもあります。

税金は貧困で困っている人のために使われたり、インフラを整えたりとさまざまな用途に使われていますから、お金持ちが納めている税金で多くの人が便利に暮らし、快適に生活しているということになります。

税金をできるだけ払わないようにしようと思えば、会社や事業を赤字にするしかありません。しかし、そうすると収入にも制限がかかりますから、欲深い人は大きく稼ぐことが難しい、ということにもつながっていきます。

お金を感謝の対価として得るものであると定義すれば、「ありがとう」とたくさん言われるようなことをしていれば、お金がたくさん入ってくることになります。お金がたくさん入ってくれば、またそれを人のために使えばいいのです。もしもあなたがいま以上にお金を稼ぎたいのであれば、いま以上に人を喜ばせられることをしてみましょう。

自分で働いたお金でご褒美を買えるというのも、素晴らしいことです。たくさんお金を稼いで自分にご褒美を買って、人も自分も幸せを感じられることをする。そこには自己犠牲はありません。自分も他人も幸せになれるから、「もっと人からありがとうといわれることをたくさんしよう」と思えるようになります。

「自分のために高価なものを買う」ということに罪悪感を抱く人もいますが、高いものを買うということは、それを売っている人に大きな利益をもたらすことでもあります。それは売っている人にとっては非常にありがたいことです。

そしてそのお金を得た人は、また誰かから商品やサービスを買いますから、お金がどんどん循環していくことになります。

市場に流れたあなたのお金は、目の前の人だけでなく、さらに別の人、さらにまた別の人へと流れ、利益をもたらしているのです。

第5章

相手の話を最後まで聴く

対立の原理

「対立」とは「白か黒か」ではなく「白も黒も」

ここまでで、四つの原理について見てきました。万物はすべて、いま、あるままで完全で在るというのが**全個解完の原理**でした。また、**存在の原理**では、一歩進んで「どう在るべきなのか」ということについて触れました。そして、ここからお話しする**対立の原理**では、さらに「存在する」ということを別の視点から見ています。

対立の原理はシンプルで、「対立」がなければ存在はない、と説いています。

私たちが光を感じられるのは、闇を知っているからです。太陽が空にあるから、地上に影ができます。

このように、何かが存在するためには、相対するものが必要です。上と下、男と女、親と子、長と短など、「対立」の構図をなしているものはたくさんあります。

「対立」というと、反対のもの、お互いの作用を打ち消すもの、というイメージが強いかもしれませんが、ここでいう「対立」には、他の意味があります。『七つの原理』では、このように書かれています。

「相互に交流し合い、空間認識における対立した二項と同様に、相補的な関係にあります」

また、丸山先生はこのように書いています。

「場において同一で、力において相均《あいひと》しく、方向がまったく反対する、二つの関係である」

「樹木、草木、蘚苔《せんたい》、一の存在があれば、これの場があり、場のみあってこれに乗る物のなきは無い」。

これらの表現からも分かるように、対立構造は、一方が存在することによってもう一方が存在するという相互補完関係を持っているのです。

「対立」というものを、敵対する、戦うというような意味合いにとれば、相手とはどんどん離れていきます。しかし陰陽のように、相補《そうほ》的な関係にあるという意味で対立を考えれば、相手と向き合い、お互いに補完することになり、むしろ関係は近づいていくのです。

ある会社が、ビジネスパートナーを探していたときのことです。複数の事業者にビジネスパートナーになってほしいと打診しました。しかし、まだ世にないものを売り出したいと考えていたためか、色よい返事をもらうことができませんでした。前例がないからできない、というのが多くの反応だったそうです。

そんななかで1社だけ、「どうやったらそれが実現するか」ということを考えてくれた会社がありました。そして、その会社は技術力・知見ともに優れていることが分かり、実際にビジネスパートナーを組むことにしたといいます。

世にないものをリリースしたいという会社と、それをリスクだと感じる複数の事業者たち。ここには、対立構造が見て取れます。

「それはできない」「難しい」という反応は、敵対する、相対するという関係性の域を出ていません。しかし、難しい依頼であったとしても「なんとか解決する道をともに模索しよう」という「補完」「相補」の姿勢があれば、深く信頼し合い、より大きなものを生み出すことができるようになります。

対立構造は、あらゆるもののなかに見つけることができます。今、あなたに起きている現象のなかで、敵対する、戦うというような構造になっている現象があれば、「相対する」「相補する」と意味をつけ直してみるのはいかがでしょうか？　次に一例を挙げてみます。

■**仕事とプライベート**……仕事のためにプライベートを犠牲にする、収入を諦めてプライベートを充実させるという「対立」ではなく、プライベートを充実させて仕事への活力にする、仕事とプライベートをどちらも楽しめるような現実を創る。

■**夫婦関係**……相手のために仕事をセーブする、やりたいことを我慢するのではなく、お互いに喜び、楽しみながらお互いのサポートをする。一緒に繁栄していくために必要なことをする。

■**職場で意見が対立している**……どちらかの意見を押し通すのではなく、どちらの意見も活かせるような着地点を一緒に模索する。

すぐにはうまくいかなくても、自分のなかの「対立」の定義を少し変えてみるだけで、生きやすくなるのではないでしょうか。

「対立の原理」で、バランスが取れているかが分かる

さて、この**対立の原理**なのですが、対立の原理を私たちの暮らしに当てはめてみると見えてくるのが、「バランスが崩れているかどうか」ということです。

例えば、対立構造である「夫婦」。夫婦の形はそれぞれですが、どちらか一方が支配的、暴力的で相手が苦痛を感じているような場合、夫婦のバランスが崩れてしまっています。

親子関係はどうでしょうか。子どもを優先させるあまり、夫婦関係に亀裂が生じてしまっている方も少なくないのではないでしょうか。

親が子どもに自分の思いを投影しすぎて、子どもがやりたいことができないとか、自己肯定感を失うようなケースも見られます。

このように、対立構造をとっている関係性を見てみると、その関係がバランスを

保てているのか、それともバランスが崩れているのかが見えてきます。バランスが崩れてしまうと、物事はうまく運んでいきません。しかしバランスが取れるようになれば、安定して物事が運んでいきます。

親子関係が良好になれば、家族として強固なチームになるでしょう。夫婦関係も同じです。お互いを否定し、お互いのよいところを殺し合うのではなくお互いを認め合い、支え合えるようになれれば、夫婦がお互いの役割を存分に果たすことができるようになります。

対立を乗り越えると発展につながる

対立構造が進むと、相反する二つの力が溶け合って一つになります。例えば夫婦なら、夫婦という対立構造から子どもが生まれたり、夫婦を起点としてさまざまな人間関係が広がっていったりします。

夫婦で事業をしている人などは、事業も拡大していくことでしょう。こうして、対立から何かが生み出され、発展していくことを「合一《ごういつ》」と呼んでいます。

例えば夫婦間のことでいえば、対立から合一に進むにあたっては、さまざまな段階を経ていきます。

最初に恋人として付き合い始めるときは、男女はお互いのよいところしか見えない時期です。私はここを「幻覚期」と呼んでいます。

結婚して夫婦になると今度は新たな学びが始まって、「なんでこんな人と一緒になったんだろう」と思ってしまう時期がきます。

相手の嫌なところばかりが目についてしまう。一緒にいるとイライラする。こうした時期がやってくるのですが、これは「対立期」です。ここでの対立とは、**対立の原理**で使っている対立ではありません。相対し戦うという意味での対立です。

この対立期を乗り越えられずに、離婚に至る夫婦も少なくありません。また、離婚とまではいかなくても、完全に夫婦仲が冷え切ってしまったり、修復できない溝ができたりしてしまうこともあります。

ここで「相手の話を聞こう」「もっと相手を受け入れよう」「優しくしよう」と思うことができれば、関係性は対立から調和に変容していきます。ただ、完全な調和にはまだ遠くて、何かあればすぐに対立期に戻ってしまいます。

調和が少しずつ増えていき、対立が減っていくと、最終的には夫婦の気持ちは一つになって、共鳴し合うようになります。そうすると、健康や家庭のこと、仕事や事業のことも、すべてが発展してうまくいくようになります。この時期を「共鳴期」と呼びます。

あなたの周りにいる夫婦を思い浮かべてみてください。事業も成功し、幸せそうに見える人も、実は夫婦仲が険悪だったり、子どもとの関係に亀裂が入っていたりする人はとても多いものです。実は、共鳴期を迎えられる夫婦は万に一組もいないのです。共鳴期に至らず、対立期で停滞してしまっている夫婦は、本当の意味で繁栄していくことは難しいようです。

私も長らく、妻とは対立期が続いて非常に苦労しました。いまでは、子どもたちはみんな結婚し、家庭円満に暮らしています。週末になると、孫を連れて実家に帰ってきてくれます。しかし振り返ってみると、家のなかがギスギスしていたこともありました。

私が帰ってくると、リビングにいる子どもたちが蜘蛛《くも》の子を散らすように自分の部屋に逃げていく。そんな時期も長く続きました。

妻も、私に対して「怒らせないように、機嫌を損ねないように」とずいぶん気を揉んでいたと思います。そうした家族関係が変容して、今こうしてみんなで笑っていられるのは、私自身の考え方が変わったことがすごく大きいと思うのです。

縦の関係よりも、横の関係を重視する

対立の原理では、上下関係よりも重視するべきなのは横の関係であると説いています。これを家族関係に当てはめてみると、親子という縦の関係よりも、夫婦という横の関係を重視しなさい、ということになります。

夫婦と舅《しゅうと》、姑《しゅうとめ》という構造で見ると、確かにしっくりくるところが大きいと思います。結婚して夫婦になってからは、自分の両親よりもパートナーのことを尊重することで、夫婦間の信頼関係が築け、夫婦仲が円満になる。これは理解しやすいところです。

しかし、夫婦と子どもだとどうでしょうか？　パートナーのことよりも、子どものほうを優先させている人も珍しくないのではないでしょうか？

以前、あるテレビ番組で、子どもを留学させたいという母親の一日を追うという番組がありました。その母親は、留学費用を貯めるために家計を必死にやりくりしていました。

父親が、仕事から帰ってきたときのことです。お風呂に入るときも、お風呂の湯は湯船の半分以下しか溜めず、追い焚《だ》きをしなくてすむよう、入浴中はお風呂の蓋をピッタリと閉めて入るように妻からきつく申しつけられていました。

そして父親は、首だけ湯船の外に出した状態で、下半身だけ湯船に浸かっていました。

これは極端な例ですが、子どもを尊重するあまり、パートナーをないがしろにしてしまうことは少なからず起こるのではないでしょうか。

丸山先生は、対立から生み出され発展していく、「合一」について、「結びつきの強さがとても大切である」と書いています。

例えば、ペンは柄とペン先に分けることができ、それを対立構造として見なすことができます。しかし、柄とペン先がバラバラに存在していたり、つながりが緩くすぐに外れてしまうようでは、文字が書きにくく、ペンとして役に立ちません。

夫婦も同じで、単に戸籍上で夫婦であるとか、表面上夫婦として行動しているというだけではなく、心の結びつきが大事であると考えているのです。

何度も自分の失敗談を話すのは恥ずかしいのですが、私も以前は、夫婦間の心のつながりを重視していませんでした。

「自分のことは自分で決めればいい」と思っていましたし、妻に対しては、「子どものことをしっかりやってくれてさえいればいい」と思っていました。

私は妻と一緒に事業をしているわけではありませんから、仕事の相談もほとんどしません。しかし、たまに相談してみると、とても本質的な答えを返してくれることが分かってきました。具体的な仕事のことは知らないにせよ、「問題はこういうところなんじゃない？」とか、「こうしたほうがいいんじゃない？」というアドバイスをくれるわけです。

そんなときに私は、「分かってないくせに、なんでそんないい方ができるんだろう」と思ってムッとしたりもしていました。意地を張って、妻のアドバイスを無視したりもしました。ところが、あとになってみると、妻が言っていた通りだったことがとても多かったのです。

私たちは別々の存在でありながら、見えない次元で関わり合い、つながっている。この見えない次元とのパイプの太さは、男性よりも女性のほうが太いような気がします。

女性は男性に比べて勘が鋭いともいわれます。ペンの例のように、夫婦も「合一」してこそ発展していくのだとすれば、妻の役割は直感を活かすことともいえます。夫婦仲が悪いと、妻は夫のためにその直感を働かせてはくれません。

家庭での「横関係」といえば夫婦ですが、仕事においてはどうでしょうか？

例えばあなたが経営者なら、「縦より横をまず尊重する」ということは、従業員や顧客との関係よりもまず、専務とか常務といった、いわゆる女房役にいる人を尊重するということです。

まずは役員と合一すること。彼らと心が一つになれるように、しっかりコミュニケーションをとること。それができて初めて、従業員の人たちともよい関係になれるのだと思います。

仕事での対立

対立の原理を学んでからは、対立構造にある人と「どうやったら気持ちが一つになれるだろうか」ということを考えるようになりました。

対立構造で見てみると、お店とお客さまというような構図が見えてきます。クレームが来たときに会社側の意見を一方的に主張したり、相手の攻撃から防御したりするのではなく、相手と合一する道を探ってみるのです。

上司から一方的な叱咤《しった》を受けたときには、「何も知らないくせに」と反抗したくなるものです。しかし、そこで一呼吸置いて、「できていないところを指摘してくれるありがたいパートナーなんだ」と捉え直してみる。そのひと呼吸が、合一につながっていきます。

あるとき、職場でイベントを開くことになりました。出店してくれる方を募集したところ、あるお店が応募してくれました。ところが、送っていただいたはずの申込用紙がこちらに届いておらず、大変なクレームになったのです。

お客さまは「郵便局にも問い合わせて私が期限内に申し込んだ」と言うのですが、応対した社員の対応が問題でした。

「そんなことをいわれても、ここには届いてません」と強く言い放ってしまったのです。その結果、ますますお客さまの怒りを買うことになりました。

ところが数日後、申込用紙が机と机の間に落ちていたことが判明しました。本来ならば応対した部下が直接謝罪をするべきでしたが、「あれだけ強気ではっきり言ってしまったので、とても電話はできません」と言います。

それで仕方なく私が電話をかけて、「申込用紙は届いておりました。机と机の間に落ちていて、見落としていました。こちらのミスでご迷惑をかけてしまい、本当に申し訳ありません」とひたすら謝罪をしたのです。

そうすると、あんなに怒っていたはずのお客さまが「届いてたならよかった」と、にこやかに許してくださいました。そして事なきを得たのです。

おそらく部下がおそるおそる電話をしていたら、このような結果にはなっていなかったでしょう。

怖くて電話ができない、届かなかったことにしよう、そういった対応をもししてしまっていたとしたら、ますます関係性は悪化したはずです。

相手と心がつながり、合一することができれば、関係も物事も発展していくのです。しかし相手と争ってしまうと、その関係はそれ以上広がらないどころか、崩れてしまいます。

もう一つ対立構造としてイメージしやすいのは、経営者と従業員ではないでしょうか。経営者が労働者を不当に働かせたり、逆に労働者が経営者に対して訴訟を起こしたりというふうに、対立構造にあるために争いが起こりやすい関係にあります。

ここも、相対し戦っていたら会社もうまく回りません。やはり、合一を意識することによってうまくいきます。

劣等感が感情の負の連鎖を生む

車のハンドルを握ると急に性格が変わる。脇道に入って少しでも早く着きたがる。信号待ちのときにイライラする。

皆さんの周りにこんな人はいませんか？

実は、この感情の裏には〝劣等感〟が潜んでいます。

劣等感は幼少期の体験に端を発することが多いようです。幼い頃は、誰もが親を「完璧な存在」と思っています。そんな親から「何でそんなに遅いの。さっさとしなさい！」「きちんとしなさい。ちゃんとしなさい！」「何回いわせるの。もう置いていくよ！」と、強い口調や態度で叱責《しっせき》されたらどうなるしょうか？

子どもたちは「自分はダメな人間だ」「価値が低い」と思うようになります。劣等感の芽はここから生まれてくるのです。しかも、与えた親も与えられた子どもも、劣等感に気づくことはありません。

親は「子どものための愛情だ」と勘違いします。子どもは怒られたり、失望されたりしないように自分の本当の感情を押し殺すようになっていきます。こうして子どもは身近な人に対して二次感情の〝責め心〟を発揮するようになります。これが反抗期と呼ばれるものです。

不平不満をいう、威張る、イライラする、怒る、不機嫌になる、文句や泣きごとをいう。こうした不自然な感情に浸る時間が長くなると、人間は体調を崩し、病気になってしまいます。

家族との関係もぎくしゃくして不和に陥《おちい》ります。勉強や仕事にも支障をきたすようになっていきます。不幸で困った状態は、さらに心配や不安を増大させます。負の相乗効果が起きるのです。

劣等感は人と自分を比較し、そこから自分が成長するエネルギーになる反面、相手に対する嫉妬や妬《ねた》みや憎しみの感情をも生み出す「諸刃《もろは》の剣《つるぎ》」なのです。

私たちは劣等感をうまくコントロールしてプラスの方向に誘導していかなければいけません。劣等感をどう扱うかが、幸せの秘訣なのです。

では、どうすればいいのでしょうか？

責め心が出てきたなと感じたら、自分のなかにある無意識の「恐れ」を見つめましょう。「恐れ」に気づくことで、「愛」に戻れるからです。

まずは自分のなかに湧いてくる些細《ささい》な責め心に気づくことから始めてください。

「完璧主義」も親から受け取った劣等感に起因しています。すべての人が何でも完璧にこなす必要はありません。好きなこと、得意なことに関して、少し上の目標に向かって努力する。本来、これは楽しいはずです。

あなたが持たされてきた恐れ、劣等感はどんなものでしょうか？　恐れや劣等感に気づくこと、その上で負の連鎖を断ち切り、愛の連鎖に切り替えて生きていきましょう。それこそが幸せの秘訣なのです。

感謝することで、すべてが上向いていく

これまでも何度かお伝えしていることですが、感謝はとても大事です。私は、感謝をすれば、あらゆることがうまくいくようになると考えています。

丸山先生のお話に、こんなエピソードが出てきます。

丸山先生がある小学校の校長先生をしていたときのこと。生徒の一人に、しもやけがとてもひどい子どもがいたそうです。

しもやけは、ひどくなるとあかぎれを起こして、皮膚が裂けて血が出てしまいます。その子も、あかぎれがひどくて手が血だらけになっていました。小学校の掃除の時間には、手を水につけないように、箒《ほうき》の先にぞうきんをつけて、そのぞうきんをバケツに入れて掃除をしていたそうです。

それを見かねた丸山先生は、その生徒にこう言いました。

「君は寒さや水を嫌っているから、しもやけに悩まされているんだよ。バケツのなかは汚れていると思うけど、心配しないで、水に感謝するような思いで手を突っ込んでごらんなさい」

それから1週間後、その生徒のしもやけはきれいに治っていたそうです。

このことについて、私はこのように考えています。身体の不調は、嫌悪感や拒絶感といった感情を身体が外に出そうとしている証なのではないかと。

負の感情を身体に溜め込み、もうそれ以上溜め込むことができないという状態になったら、身体の許容量を超えて、不調や病気として外に出てしまうのではないでしょうか。

15年前のことですが、私も同じような経験をしたことがあります。私の場合は、ものすごい花粉症でした。

当時、私はニュースなどで「今日は花粉が多い」と聞いては、毎回嫌な思いをしていました。そして、丸山先生のしもやけの話を聞いたときに、こんなふうに思ってみたのです。

「もしかしたら、私が花粉をひどく嫌っているから、花粉症がひどくなっているのかもしれない。花粉が嫌いだ、花粉症が嫌だという嫌悪感、拒絶感を身体が外に出そうとして、鼻が詰まったり涙が止まらないといった症状が起きているのかもしれない。少し気持ちを変えてみよう」

そう思って、私は試しにこう思ってみることにしました。

「杉の木は私たちの暮らしに役立ってくれている。ありがたい存在だ」

すると、あんなにひどかった花粉症に悩まされなくなったのです。

夫婦でも家族でも、価値観は違って当たり前

私たちが人に対してイライラしたり不快感を抱いたりするとき、その理由を探っていくと、自分の価値観と合わない行動を相手がとっていることが理由になっていることがよくあります。

例えば、「遅刻はよくない」という価値観を持っている人が、いつも遅刻をする人と待ち合わせをしたら、おそらくイライラすることでしょう。それは、「待ち合わせには、遅刻をせずにちゃんと時間通りに来るべきだ」という自分の価値観に反する行動を、相手がとっているからです。

単なる知人や知り合い程度の浅い人間関係の人ならば、そこまで不快に感じないことも、親子や夫婦といった近しい間柄の人になると、イライラすることもよくあります。

私の場合は、よく娘に対して「部屋を片づけろ!」などとイライラしていました。当然ですが、娘の友だちにそういった感情を抱くことはありません。人は、自分と関係性が近しい人に対しては、自分と価値観が同じだと思う傾向があるようです。その最たるものが夫婦ではないでしょうか。特に若い頃は、パートナーとの価値観が合わないとショックを受けることがあります。

家庭裁判所が毎年行っている調査に離婚の動機調査というものがあります。男女が離婚するときには、基本的に話合いによって離婚に至りますが、話合いがこじれることがあります。そうすると、当事者だけでは解決することが難しいので、裁判所に離婚調停を申し立て、第三者を交えて話し合うのです。それでも解決しなければ裁判に進むことになりますが、離婚したいということで調停などの離婚関係事件を申し立てた人の動機を調査しています。

この調査によれば、動機として最も多かったのが、「性格が合わない」でした。妻からの申立のうち約37パーセント。夫からの申立になると約59パーセントが、離婚の動機として性格の不一致を挙げているのです。いかに多くの夫婦が価値観の違いに悩んでいるか、このデータが証明しているようです。

結婚は、パートナーシップの学びの始まりだと私は、考えています。

男女が出会って恋に落ちたときには、相手のよいところしか見えなくなります。

それは一種の幻覚症状ともいえるものですが、その幻覚症状は結婚すると収まり、今度は相手の嫌なところばかりが目につくようになっていきます。

そして、「相手に腹が立つのは自分に原因があるはずだ」という気づきを得、対立関係から調和へと進んでいきます。先ほどもお話ししましたが、男女関係には幻覚期と対立期、調和期、共鳴期があるわけです。

このように、夫婦関係はいつも一定ではなく、時間をかけてゆっくりと形を変えていくものです。特に若い頃には、性格の不一致や価値観の不一致が絶望的なもののように思えることもあるかもしれませんが、そもそもまったく違った環境で育っているわけですから、価値観が同じであるほうが珍しいのです。

対立期には、お互いに自分の価値観を相手に押しつけ合うことも起こりがちです。

私も例に漏れず、妻には自分の価値観を押しつけていました。

私は環境問題や宗教、哲学などに関心があり、結婚してからも時間を見つけては学び続けていました。そして妻に対しては、「なぜ一緒に勉強しないのだろう」と、分かり合えないことに、寂しさや悲しさすら感じていたのです。

ところが妻の願いは、私とはまったく違っていました。妻は、家族で仲よく過ごせる、明るい家庭を築きたいと願っていたのです。私たち夫婦は、一番大事にしたいものがまったく違っていたのです。分かり合えずに悲しさを感じていたのは、妻も同じでした。

そのことに気づいたとき、私は妻に対して申し訳ない気持ちでいっぱいになりました。私が学びに集中することによって、妻の「家族で仲良く過ごせる明るい家庭を築きたい」という願いを阻《はば》んでいたと気づいたからです。

私は妻に手紙を書き、これまで妻の願いをおろそかにしてしまっていたことをわびました。そしてこのことがあってから、私は妻に対して、自分の価値観を押しつけることをしなくなりました。

いま、妻との関係はとても良好ですが、それは妻が変わったからではなく、私が変化したからだと思います。人を変えることはできませんが、自分を変えることによって、人との関係は劇的に変化するのです。

子どものしつけも、愛か恐れかで大きく変わる

もしもあなたが子どもに対していつもイライラしたり、感情的に怒ってしまったりしているのならば、その行動の裏に隠されている「恐れ」を見つめてみてほしいと思います。

「子どもが将来困らないように」「友達に嫌われないように」という不安や恐れが隠されているのであれば、まずは、あなた自身がその「恐れ」を手放すことから始めてみましょう。

例えば、怒鳴ったりすることの他にも、次のような親たちの言葉や態度、表情が、子どもに劣等感や恐れを植えつけてしまいます。

■価値のない低い存在と思わせる言葉
・「うちの子はダメなのよ」
・「バカだね」
・「お母さんがついてないとダメね」
・「もっとしっかりしましょうね！」
・「一人じゃ何もできないんだから」

■放置や無関心の言葉
・「何回言えば分かるの！」
・「言いたいことがあるならはっきり言いなさい！」

■他人と比べたり、過剰な期待をかけたりする言葉
・「これはおまえのためなんだ」

■泣きごとのような言葉

・「ダメじゃないの」
・「こんなにしてあげているのに」

こうした言葉の他にも、よい行いやよい結果の誉めすぎも、恐れからくる言動であることがあります。

問題は、このような言動が「親の愛」だと勘違いしてしまうことがあることです。しかし、愛とは決してそんなものではありません。愛とは、世界でただ一人の唯一無二の存在を大好きになり、尊重し、信頼することなのです。

心配を手放して、心から信頼し、愛のある言葉で子どもに接すると、子どもは光を放つようにして、個性を発揮できるようになっていきます。

子どもたちに愛を与える前に、あなたにしてほしいとても大切なことがあります。それは、あなたがあなた自身を尊重し、信じ、愛することです。

他の家庭、同年代の他の親たちと自分を比べる必要なんてないのです。

今の自分のことを、ありのまま尊重してあげましょう。尊重するというのは、自分の気持ちを大切にするということでもあるのです。

まずは、そこから始めてみましょう。なかなかうまくできない。つい子どもに対して感情的になってしまう。

そんな自分のことも、尊重して愛してあげてください。大人も子どもと一緒で、時間をかけて学んでいくのです。自分のことを心から信じてあげられるようになったとき、きっと子どもに対してイライラしたり、感情的に怒鳴ったりすることがなくなっているはずです。

第6章

一日一回、同じ時間に同じことをする

易不易の原理

変えてはいけないもの、変えるべきもの

易とは「変わる」もの、不易《ふえき》とは「変わらないもの」を意味します。

地球は太陽を中心に回っています。地球には重力があり、物は上から下に落ちてきます。こうした不変のものが「不易」です。

身近な例で考えてみましょう。例えば会社を見てみると、会社という組織は何らかの目的を持って生まれています。変わらない目的の最たるものが、経営理念です。経営理念は「不易」にあたります。目的を達成するための経営戦略は時代に合わせて変わりますから、これは「易」といえます。

親がいて子がいるという「親子」の構造は不易ですが、子どもが生まれたり子どもが結婚して義理の子どもができたり、養子縁組をしたりと、親子関係になるメンバーは変わります。それは易といえるでしょう。

このように、変わらないものと変化し続けているものが組み合わさって、自然界も人間の世界も成り立っています。これが、**易不易《えきふえき》の原理**です。

しばしば私たちは失ったものを惜しみ、未練を抱きます。恋人との別れ、離婚などもそうですし、なかには、子どもが大人になって自立することを寂しいと思うあまり、子ばなれができない方もいます。

しかし、「恋愛感情はいつか消えるもの」とか、「人間関係は変化するもの」ということを理解しておけば、仮に恋人と別れることになったとしても「そういうものだ」と受け止められるようになるのではないでしょうか。

「人間というものは、一人では存在し得ず、コミュニティに属して生きるもの」というのが、人間の習性です。

ここで、人は誰かとつながりを求めて生きる生き物であるという「不易」の部分と、パートナーが誰であるかという「易」の部分を分けてみるのです。そうすれば、今のパートナーとうまくいかなくなったときに、「自分には恋愛が向いていないのだ」「自分に家族を作る資格はない」というふうに、自分を責めて落ち込む必要などないことが分かるでしょう。

易不易は、変化する

不易なのに易だと思って変えようとする、もしくは易なのに変えようとしない。このように、易と不易を混同してしまうと、物事が滞ったりひずみが生まれたりし、そこに問題が起きてしまいます。ですから、そうならないように私たちは、「何が不易で、何が易なのか」ということを、まず判断する必要があります。

例えば会社なら、会社の目的や経営理念、存在意義はコロコロ変えるものではありません。一方、社会情勢や顧客のニーズが変わっていけば、生み出す商品が変わるかもしれませんし、会社の場所が変わる可能性もあります。ここを「不易」としてしまうと、柔軟性がなく、独善的な会社になってしまう恐れがあります。

このように、変わっていくものと変わっていかないものを見極めることがとても大切です。

難しいのは、何が易で何が不易なのかが、状況によって変化することです。例えば、日本という「国」は不易のようにも思えますが、世界を見渡してみると、国が崩壊したり新しい国が生まれたりする例は多くあります。

先ほどの経営理念も、「不易」であることもあれば、「易」になることもあるでしょう。会社が成長すれば、規模に合わせて企業理念も変わっていくかもしれません。易と不易ははっきりと「どちらが易でどちらが不易なのか」が分かるわけではないのです。

対立の原理のところでも触れましたが、万物はその存在のなかに相対するものを包含《ほうがん》していて、どちらか一方に偏ることはなく、すべてバランスを保ちながら存在しているという視点は、ここでも大切になってきます。

変わらないように見えていても、常に変化が起きている。あるいは、常に変化が起きていても、変わらない部分が存在する。このことも意識しながら、**易不易の原理**をもう少し掘り下げていきましょう。

一日一回、同じ時間に同じことを繰り返す

易不易の原理をうまく活用して、自分がやりたいことを実現させることもできます。

『万人幸福の栞』の3条には、成功者とは、一度目的を定めたらそれをやり抜く人であると書かれています。そして実際に倫理法人会では、「一日一回、同じ時間に同じことを繰り返す」ことを推奨しています。

例えば合格したい試験があるのなら、毎日「朝仕事に行くまでの2時間を勉強時間にあてる」と決めて、やってみる。一日一回、できれば同じタイミングで繰り返しやることによって、目的に近づけると考えるのです。

これもまた、**易不易の原理**に即しているということができます。

つまり、「同じことを繰り返すことで成功に近づく」という「不易」があって、

「何を繰り返すのか」という易がある。このように、不易と易の関係性を知っておけば、易のところだけを変えていけば成功に近づいていくのです。

もしも、「同じことを繰り返すことで成功に近づく」という不易を知らなければ、どうなるでしょうか。それは、「試験に合格する」という目標に近づくための道筋を知らないことと同義です。

この「一日一回、同じ時間に同じことを繰り返す」ことで成功に近づいていく理由について、『七つの原理』のなかでは、このように書かれています。

「そうした行為は、大自然のリズム（運動）に同調し、大宇宙と呼吸を合わせることだからです。すると生活に節ができ、緩んだ生活はしまり、生命力が揺すぶられ、意志の力が高まることで、自分の持てる力が十全に発揮できるようになっていきます」

サッカー選手の本田圭佑《けいすけ》さん。2013年にセリエAのACミランに移籍し、日本代表にも選ばれました。

日本代表時代には、日本人初となるW杯3大会連続ゴールを決めるなど、華々しい活躍をされた彼も、最初からスムーズにうまくいったわけではなく、多くの挫折を繰り返しています。彼はたくさんの名言を残していますが、そのなかに、こんな言葉があります。

「挫折は過程、最後に成功すれば挫折は過程に変わる。だから成功するまで諦めないだけ」

スポーツ選手だけではありません。これは経営者やビジネスマンでも同じで、大きな成果を出している人は、「毎日〇人と名刺交換をする」「会った人には必ず御礼のメールを送る」など、地道な作業を毎日コツコツと積み重ねています。

成功者とそうでない人の違いは、才能にあるのではなく、反復継続力にあるといっても過言ではありません。

「一流は同じことを100回でもできる。凡人は次々に新しいことをやりたがる」という言葉もあるように、続けられることこそが才能なのです。目的を持ち、目的にたどり着くために繰り返しやる。そうすることで、自分の世界が変わっていきます。

「反復、継続が大事だ」ということこそが、不易であるといえるでしょう。

習慣化することで、易が不易になる

では、私たちが反復継続力を鍛えるためには、どうすればよいでしょうか？　モチベーションを高めればよいのでしょうか？　それとも、意志の力を鍛えるべきなのでしょうか？

そうではなく、「習慣」にしてしまえばいいのです。気乗りしないけれど成功に向かうためには必要なこと、大切なことほど、習慣化してしまいましょう。

どんなことであれ、それが習慣になってしまえば、意志やモチベーションに左右されることはありません。例えば、毎日朝の10分だけどこかを掃除する、これを習慣にしてしまえば、休日に嫌々大掃除をする必要もなくなります。

仕事に役立つ資格を取りたいけれど、忙しくてなかなか勉強をする時間が取れない。そんな人であっても、どんなに忙しくても食事や睡眠はきちんと毎日しているはずですし、お風呂にも入っているのではないでしょうか。

食事や睡眠、入浴のように、試験勉強を生活に必要なことと位置づけて習慣化させてしまえば、いくら忙しくても続けられるようになります。

一説によれば、人が何かを習慣化させるために必要な期間は21日とも、66日ともいわれています。諸説あるところですが、最低でも21日は「一日一回、毎日同じタイミングで何かをする」ということを続けてみましょう。

22日、23日と続けていって、66日、１００日とそれが続いていけば、意識せずにそれが続けられるようになります。そして一つのことが習慣化できれば、また新しいことを始めてみればいいのです。そうやって続けていけば、思った以上にたくさんのことを実現することができるでしょう。


途中で挫折しないコツは、あれもこれもと同時にいろいろなことを始めようとしないことです。たくさんのことを一度に始めようとすると、負担になってしまって途中で投げ出しかねません。そうするとすべてが中途半端になってしまいます。

焦らずに、まずは「10分掃除をする」とか「目が覚めたらそのまま起きる」というようなことを、一つずつやってみましょう。

そうすることで、「そうした行為は、大自然のリズム（運動）に同調し、大宇宙と呼吸を合わせることだからです。すると生活に節ができ、緩んだ生活はしまり、生命力が揺すぶられ、意志の力が高まることで、自分の持てる力が十全に発揮できるようになっていきます」という、先ほどの言葉が実感できるようになるのではないでしょうか。

最後に、『七つの原理』でも引用されている、**神学者ラインホルド・ニーバー**の祈りの言葉を引用します。

神よ、変えることのできるものについて、
それを変えるだけの勇気をわれらに与えたまえ。
変えることのできないものについては、
それを受け入れるだけの冷静さを与えたまえ。
そして、変えることのできるものと、変えることのできないものとを識別する知恵を与えたまえ。

最初から、何が易なのか、何が不易なのかを判別することは難しいものです。時には、易だと思っていたものが不易に変わり、不易だったものを変えなければならなくなることもあるでしょう。

私たちに必要なことは、易を変える勇気、不易を変えない勇気なのです。

第7章

自分を整えると自然と調和する

物境不離の原理

自分の生まれ育った土地のものをいただく

最後に紹介する原理は、**物境不離《ぶっきょうふり》の原理**です。

何か「物」が在るとき、そこには、関わり合う他の物があります。これは、第1章の**全一統体の原理**でも触れられていることです。

例えば、机の上にペンがある、机は床の上に置かれているというように、物理的にも物は他の物と関わらなければ存在し得ません。ペンが単独で宙に浮いたり、机だけが他の物とまったく触れずに存在するようなことはあり得ないという話を、第1章ではお伝えしました。

物質を構成する最小単位は素粒子ですが、素粒子は物質を自由に行き来でき、固定されていません。「物」として見たときには、私はペンになることはできませんし、ペンが私の細胞になることもありません。ところが、それを素粒子レベルで見てみると、両者は関わり合い、行き来しています。

「境」がありながらも、物と境とは、どちらかが欠けても成立しない関係にある。これが**物境不離の原理**です。

物境不離の原理を私たち人間に当てはめて考えてみると、「私たちは環境とは切り離して存在しえない」ということが見えてきます。「物にふさわしい境があり、境にふさわしい物がある」といい換えることもできます。ちなみに、丸山先生はこの「境」を「場」ともいい換えています。

私たち人間には黄色人や白人、黒人というふうにさまざまな人種がいますが、人が生まれ育った場所によって皮膚の色が違い、目の色が違い、そして食べるものが違うというように、その土地で生き続けることによって、異なる遺伝子を持つようになりました。

「身土不二《しんどふじ》」という言葉がありますが、身土不二とは、「自分の身体と土地は一体である」という考え方です。これも**物境不離**の原理と非常にリンクしています。

私たち日本人のなかには、牛乳をうまく消化できない「乳糖不耐性」の人や、アルコールを分解できない人がいます。しかし欧米には、そういった人はいません。それは、欧米では乳製品やアルコールが日常的に食されてきたからです。

一方、日本人は海藻《かいそう》を消化する酵素を持っていて、これは欧米の人などは持ち合わせていないといいます。ですから私たちが健康を維持するためには、ずっと日本で食べられてきた和食を中心とするほうがいいのです。

私たちの物理的な身体は、食べもので作られています。もしもいま、あなたが何らかの不調を抱えているのなら、それは食べものが身体に合っていない可能性もあります。

物境不離の原理をうまく取り入れて、身体に合った食べものを見つけてみるのもいいのではないでしょうか。

「整える」ことの美しさ

お米を作ることを生業にしている農家の方は、所有している田んぼを最もよい状態に整えます。そして、そこで育てる稲も、最もよい状態になるように丁寧に育てます。

同じように私たちも、自分を調和させ、よりよきものにしていく。**物境不離の原理**を私たちの暮らしに落とし込むと、このようになります。

私たちは、美しさを感じ、快適さや心地よさを感知しますが、「あるべきものが収まるべきところに存在している」という状態は、美しく心地よいものに感じます。「自分」とは世界であり、万物でもあります。ですから、私たちが自分をよりよくするということは、つまり世界をよりよくするということと同義でもあるのです。

メトロノームを使った、ある実験があります。72個のメトロノームを集め、すべてバラバラのタイミングで動かしたまま放置しておくと、最初はバラバラのリズムを刻んでいたメトロノームが徐々にまとまり始め、最終的にはすべてのメトロノームのリズムがぴったり揃うのです（同期現象）。

自分で何とかしようとしなくても、明朗闊達で素直に生きていると、物事がいいように流れていく。それはメトロノームが整うように、取り立てて何もしなくても、自然に調和していくのです。

自分をよりよくすることは、調和につながっていきます。そう考えていくと、私たちの天職とは、自分や世界を調和に導くことといえるのではないでしょうか。

しかし私たちの多くは、それぞれの物や人は独立して存在していると錯覚しています。生まれ育った地域によって気候や採れる作物も違います。身体に合わない地域の食べものを食べると体調を崩すことがあるように、独立して在る、分断して在ると考えると、うまくいきません。

むしろ、万物は**全一統体の原理**のところでも触れたように、万物はつながり関わり合っている、そしてその関係性のなかに「存在」がある、という視点を持つと、しっくりくるのではないでしょうか。

物と場の関係で、物の質が変わる

私の妻には妹がおり、神戸で絵の教室を開いています。彼女はとても色彩感覚が優れていて、自宅のインテリアなどは家具やカーテンなどの色彩や形が、すべてとても調和しています。神戸の自宅に遊びに行くことも多いのですが、彼女の家はとても居心地がよく、心が穏やかになります。

あるとき、彼女が鹿児島の私たちの家に泊まりに来たことがありました。そのとき彼女が家のなかを見渡して、一言こういったのです。

「お兄さんやお姉さん（私と妻のことです）は好きな柄のカーテンとか、好きな机とか、このソファーがいいなとかいって家具屋さんで見て買うでしょう？　でも、私にはどんな家にしたいのかが分からない。部屋に合うように家具やカーテンを選んでる？」

彼女から見ると、私たちの家のインテリアは「不調和」そのものだったのでしょう。この家にいるとソワソワして落ち着かないともいわれました。

私たちはファブリック（生地や織物）や家具を単体で見ていて、「カーテンはこの色が好き」「テーブルはこの色がいい」というふうに、一つひとつを見て好きか嫌いかを判断していました。ですから、彼女から「部屋に合うようにファブリックを選んでいるのか？」と聞かれて、驚きました。

彼女は家のなかを一通り見て周り、ファブリックや家具のバランスを見ながら、たくさんのアドバイスをしてくれました。彼女によれば、単に「茶色」「水色」といっても、そのなかには無限に色彩があるので、「この家具には水色が合う」といって水色を選んでも、合うものと合わないものがあるそうです。

試しにすべて彼女のいう通りにしてみることにしました。一緒にホームセンターに買い物に行くと、「このカーテンを使うなら、時計の枠の色はこげ茶なんだけど、こげ茶にもいろいろ種類があるから。このこげ茶がいいのよ」といって一つだけを選びます。

しかし単体で見ると、自分が好きな色ではないものもあります。「これがいい」といって彼女が選んでくれたカーテンがあったのですが、妻は「この色はあまり好きじゃない」といって嫌そうな素振りをしていました。

私は妻に「とりあえずいう通りにしてみよう」と話し、彼女が提案してくれたものを買って帰りました。そして試しにカーテンを付け替えてみると、部屋の雰囲気が一変しました。

これには私たち夫婦だけでなく、子どもたちも驚きました。「こんな部屋になるんだ！」と目を輝かせて喜びました。色彩が調和するだけで、その空間がとても居心地がよく、美しいものに変化したのです。

不調和は、さらなる不調和を呼び寄せる

倫理法人会の勉強会では、トイレ掃除をはじめとして、きれいにして場を整えることがとても大事だと教えられています。

いまはだいぶ少なくなりましたが、鹿児島の田舎では、山のなかにゴミを不法投棄されることが問題になっていました。最初はほんの少しのゴミなのに、それがどんどん増えていく。それらを、労力はかかるけれどみんなで頑張ってきれいにしていくと、そこにゴミを捨てる人がいなくなります。場を整えることによって、ゴミが捨てられにくくなるのです。

これは「エントロピー増大の法則」と呼ばれる法則の活用です。エントロピー増大の法則とは、「物事は放っておくと、無秩序、乱雑な方向に進んでいく」というものです。

もう一つ、「割れた窓理論」と呼ばれる理論があります。これもエントロピー増大の法則と同じで、一枚の割れた窓を放置しておくと、他の窓も割られ、どんどん荒廃が広がっていくという理論です。

エントロピー増大の法則にしても、割れた窓理論にしても、それを逆手にとって状況を改善することができます。一つ事例をご紹介しましょう。

1980年頃、ニューヨークは非常に治安が悪いことで名を馳《は》せていました。日が暮れると危険すぎるため、誰も外を出歩かない、そんな街だったといいます。特に危険だったのが地下鉄でした。

ニューヨークの治安を改善させるため、当時就任した市長は、まず地下鉄の落書きを消す取り組みを始めました。当時この取り組みは、「もっと重大な問題を解決するべきだ」と大きな批判を招いたそうです。

しかし、そんな批判に負けることなく、地下鉄の落書きは徹底的に清掃されました。やがて地下鉄だけでなく、ゴミのポイ捨てなどの軽犯罪を取り締まることを続けた結果、ニューヨークは劇的に治安を回復したのです。これは、有名な「割れた窓理論」の実践でした。そして、エントロピー増大の法則を逆手に取ったともいえます。

重大な問題を解決するためには、まずはその周辺にある問題から、徹底的に改善していくことが近道です。それにより環境が整い、やがては重犯罪を減らすことにつながっていくのです。

地下鉄の落書きを消し去ることが、街の犯罪を減らすことにつながっていったというニューヨークの例に代表されるように、物理的な環境改善は人の精神にも影響を及ぼしていることが分かります。

日本でも「場を整える」ということはとても重要視されてきました。場を清めるために塩を撒いたり、掃き清めたりするのもよい例です。

日本では禅の思想や武士道など、さまざまな思想が生まれましたが、茶という文化も、場と調和をとても大事にした文化といえます。

茶室には「にじり口」という入口が設けられています。にじり口は背が低く、高さは約66㎝しかありません。

これを作ったのは有名な千利休《せんのりきゅう》ですが、千利休が生きていた戦国時代、武士が茶室に入るためには、刀を腰から外し、さらに姿勢を低くしなければなかに入ることができませんでした。このような入口を設けることで、茶室に入る前に身分や雑念を取り払うという意図があったのです。

また、茶室はとても狭く、なかには何もありません。こうして俗世と隔離された静寂の空間を創り出すことによって、心の清らかさや高い精神性を再現しようとしたのでしょう。

昔の日本人は、場所の清浄さと心の清浄さが関連することを知っていたのです。

天職に出合うには、喜びが不可欠

私たち人間の天職とは、自分や社会をよりよくすることにあるといいました。

『万人幸福の栞』の第10条「勤労歓喜」では、「自分の只今ついている仕事の尊さを悟って、けんめいに働く時、自然に与えられる楽しみ、これは何物にも替えることの出来ぬ人生の喜びである。最高至上の歓喜である」と書いてあります。

要するに、天職とはある日、突然見つかるものではなく、いま就いてる仕事に喜んで取り組んでいくとき、それが天職に変わっていくというのです。

ここでいう「天職」とは、一般的に私たちが使っている「天職」よりも広い概念ですが、ここではあえて、仕事、事業という枠で「天職」というものを考えてみます。

先ほども書いた通り、天職とは、「真の働きにより人を助け、人を救い、人の喜びをわが喜びとする」ものであり、天職にしないと一生涯、魂を打ち込んだ仕事にはなりません。

いま、目の前にあることを嫌々したり、文句ばかりいっていると、「地上無比《むひ》の喜びの働き方」はできないのです。

大調和の先には倫理的な在り方があり、倫理的な在り方をしていると、目の前の仕事に喜び勇んで没頭できる。さらに、仕事を通じて最大の喜びを得られる。そうすると健康でもあるし、物質的な豊かさや地位もあとからついてくる、というわけです。

私たちがあるがままの完璧な状態で在るとき、私たちは明朗（明るく朗らか）な状態にあるというのが、丸山先生の教えです。『万人幸福の栞』の「明朗愛和」の箇所にも、こんな一節があります。

「明朗の心、一日も一分も曇らしてはならぬのは、人の心である。（中略）真に正しい事とは、まず己が救われ、それと一しょに人が救われることでなくてはならぬ。明朗こそ、まず己が救われるともしびであり、己のかかげたこの燈火で、人もまた救われる。そして世の中が光明にかがやいて来る」

このように、私たちの人生に最も大切なことは、明朗さであり素直さであると書いています。

明朗さを持って喜んで仕事をすると、さらにその人の天性が発揮されて幸せになっていきます。いま、自分が従事し、与えられている仕事に意義を見出して、喜び勇んで没頭するとき、その仕事が天職となる。つまり、天職には喜びが不可欠なのです。

これは難しいことをいっているようですが、実は理に適《かな》っています。あなたがある仕事を人に頼もうとして、頼める人を探したところ、同程度のスキルや経験を持つ人が2人いました。うち一人は仕事がつまらなそうで、もう一人はとても楽しそうに仕事をします。あなたは、どちらの人に仕事を頼みたいと思いますか？

おそらくすべての人が、「楽しそうに仕事をしている人に仕事を頼みたい」と思うのではないでしょうか？

楽しそう、すなわち明朗でいるということは、その人が調和しているということです。職業という外見と、その人の内面とに不一致がなく調和しているため、私たちはその人をみて心地よく感じるのでしょう。

喜んで働く「喜働」という言葉が出てきましたが、このように考えていくと、「喜んで仕事をするとすべてがうまくいく」ということが当然のこととして受け止められるようになるのではないでしょうか。

そして、喜んでしたことには喜びが返ってくるという**発顕還元の原理**により、さらに発展していくのです。

いま、就いてる仕事を天職だと思えないとき

喜んで働くことで、ますます実力を発揮することができ、豊かになっていく。

そうだとしても、いま目の前にある仕事に対して喜びややりがいを感じられない場合は、どうすればよいのでしょうか？

やはり答えは、全力を出し切ること。その場所から逃げずに、とりあえず一生懸命やってみることです。

逆説的な考え方ですが、「これくらいでいいか」と力を出し惜しみして取り組むことよりも、自分の持てる力を全力で出し切って取り組むことのほうが、愛着も湧きますし喜びも湧いてきます。

ですから、とにかく全力を出し切ってみる。そうすることで、目の前の仕事に対して喜びを感じやすくなるのです。

18歳の頃、ある引っ越し業者で引っ越しスタッフとして働いていたことがあります。タンスや洗濯機などの重い荷物を運びますから、とうとう腰を痛めてしまいました。いま振り返ってみると、「重い荷物を運びたくない」とか、「重たい荷物を持って階段を上り下りしたくない」というふうに、心のなかで仕事に対してとても嫌だと思っている自分がいました。

そして20代前半のときに椎間板ヘルニアと診断されてしまいました。その後、私を育ててくれて、倫理法人会に誘ってくださった職の親のもとで働いているときも嫌々仕事をしていると腰が痛くなり、ひどいときは4日も仕事を休んで動けないことがありました。

26歳のとき、心の研修などに取り組み始めて、仕事がおもしろくなってきました。すると不思議なことに、それまでのように長期間仕事を休まなければならないほどの腰痛に悩まされることがなくなったのです。

似たような経験は他にもあります。お中元やお歳暮の時期になると、妻と一緒に百貨店に出かけ、贈り物を選ぶことがありました。お世話になっている人に贈り物を選ぶ仕事自体は好きなのですが、百貨店という人の多いところが苦手で、いつも嫌々百貨店に出かけていました。百貨店に行くと決まって30分くらいで腰が痛くなってくるわけです。仕方がないので、階段のところにあるベンチに腰を下ろして、妻が買い物をすませるのを待っていました。

ところが、人前で自己啓発の研修をするときは、まったく腰が痛くならない。長いものになると3日間立ちずくめだったりもするのですが、腰が痛くなる兆《きざ》しすらありません。

あとになって倫理法人会に入り、丸山先生の教えを学ぶことになるのですが、まさに教えの通りだったと気づきました。

当時の私は、なぜ嫌なことをしていると腰痛が起きるのかという仕組みを知りませんでしたから、ただその状況になることを甘んじて受け入れ、腰が痛くなったら休むことしかできませんでした。しかしいまなら、「この仕事に楽しみを見つけよう」「百貨店に行くことを楽しもう」と工夫をすると思います。

目の前の仕事を一生懸命するというと、「我慢をして働かなければならない」と解釈してしまいそうですが、一生懸命働くことと我慢をして働くことは、大きく違います。嫌な気持ちを抑え込みながら我慢して働くのではなくて、目の前の仕事に喜びを見つける。喜びがなくても、探してみるのです。

工場のラインなどの単調作業に従事しているときには、仕事のなかに喜びが見出しにくいということもあるかもしれません。しかし、一切喜べる要素がないわけではないと思うのです。

例えば、「もっとこなせる量を増やすにはどうしたらいいか？」と考えてみたり、「もっと疲れないようにするには、どんな進め方ができるだろうか？」と考えてみる。そんなふうにして、制限のなかでいろいろ工夫をすることはできるのではないでしょうか。

自分なりに一生懸命取り組んで改善していく、効率を上げていく。そうやって楽しみながら取り組んでいると、やがていま以上に喜びが得られるような環境に変わっていくのだと思います。

どうしても好きになれない仕事だったり、どうしても辞めたいと思ったときにも、まずは全力を出してみることです。そうすることで、見えてくる景色が変わってくるのではないでしょうか。

辛いと感じることが、あなたの運命を切り拓く

生まれつき家が貧しくて、やりたいことができなかった。

身体が弱く、人並みに働くことができない。

こうした「思い通りにいかないこと」を、私たちはみんな持って生まれてきています。これを日本語では「宿命」と呼んだりします。宿命とは「生まれる前の世から定まっている、人間のさだめ」です。

生まれる前の世から定まっているさだめですから、宿命は変えることはできません。しかし、生き方を変えることはできます。いつまでも宿命に囚《とら》われて、「これがあればよかったのに」「こうじゃなければよかったのに」と思いながら生きていくこともできますし、宿命を受け入れ、役立てて生きていくこともできるのです。

例えば、「私は貧しい家に生まれて若い頃にとても苦労したから、若い人には同

じような苦労をしてほしくない」と思って「こども食堂」を開いたり、弁護士になって子どものために働いたり。そんなふうに、宿命をベースに職業を選ぶ人もいます。

ヘレン・ケラーという人がいます。とても有名な方なので、伝記を読んだことがある人も多いと思います。ヘレン・ケラーは1歳のときに髄膜炎《ずいまくえん》に罹患《りかん》し、耳も聞こえず、目も見えないという重度の障害を負ってしまいました。

彼女は両親の働きかけによって、7歳の頃に彼女の運命を変える女性に出会います。それが、家庭教師としてヘレン・ケラーの元にやって来たアン・サリヴァンでした。サリヴァンとの出会いによってヘレン・ケラーは「話すこと」ができるようになり、文字が書けるようになったのです。

その後は本を出版したり、政治的な活動に参加したりと精力的に活動し、87歳で生涯を終えました。そして、いまでも、彼女の人生は多くの人に勇気を与えています。

彼女の一生は、視力と聴力を失うという宿命を使命に変えた例といえます。運命や天職とは天が準備しているものではなくて、自分次第でいくらでも変えられるのです。

あなたの身の回りにも、宿命を使命に変えた方がいるはずです。例えば、小さい頃に病気をして、自分のような子どもを治してあげたいと思って医者や看護師になった人。友だちが犯罪に巻き込まれたときに何もできない無力さを感じ、弱き人を守るために弁護士になった人。そんな人を、ぜひ、見つけてみてください。

自分の宿命がどんなものなのか、運命がどう拓けていくのかということは、渦中にいるときには分からないものです。全力で切り拓いてあとから振り返ったときに、「ああ、自分の宿命はこれだったのだな」と分かるものなのでしょう。

明朗でいれば、すべてうまくいく

『万人幸福の栞』には、「この世界は劇場であり、自分は演劇を演じる主人公だ」という下りがあります。「人生神劇」という部分です。とても重要なこの部分に、最後に触れたいと思います。

これまで何度も登場している**全一統体の原理**。物事はすべて関わり合い、私たちの見えない次元では一つにつながっているという考え方です。一つにつながっている部分は、潜在意識よりもさらに深い集合意識の部分である、と見ることもできます。

宿命を使命に変える。そして運命を切り拓く。私たちが感知し、現実世界だと認識しているこの世界のなかでは、宿命とは時に辛いものであり、運命を切り拓くという作業は孤独に感じることがあるかもしれません。

確かに自力で進んでいく部分ではありますが、完全に自分一人で立ち向かわなければならないわけではありません。道筋のほとんどは、神様が用意してくれていると私は考えています。

数値化するなら、95パーセントは神様が準備してくれていて、残りの5パーセントは自分に選択権があるような感じです。とはいえ、私からは95パーセントの部分は見えないわけですから、5パーセントがすべてのように思えてしまいます。

これをいい換えたのが、「この世界は劇場であり、自分は演劇の主人公である」という言葉です。

見える世界と見えない世界のすべての創造主は神ですが、見える世界の主人公は人であり、自分です。そして、神と人は融合し、つながっています。少し哲学的ですが、「神は私であり、私は神である」という状態です。

少し横道に逸《そ》れますが、ここでいう「神」というのは、キリストやブッダのような特定の存在を指すのではありません。日本には「八百万《やおよろず》の神」という言葉があります。自然界のすべてに神様が宿っているというのが日本の考え方ですが、ここでいう「神」は、自然界に満ちているすべての存在、この世界を構成するすべて。そのように考えていいと思います。私は、この「神」を親のような存在だと感じています。

論語には「七十《しちじゅう》にして心の欲する所に従えども**矩《のり》を踰《こ》えず**」という言葉があります。これは「70歳になって、欲望のままに行動しても人の道にはずれることがない」という意味ですが、これもまた、「人生神劇」を表しているといっていいでしょう。

私たちが明朗に生きているとき、自分の思うように動いたとしても、それが神様の教えに反したり倫理の教えに反したりしない。ちゃんと秩序に従って生きることができる。

このことがストンと腹落《はらお》ちしたときに初めて、自由ということを本当に感じることができるのだと思います。

自分が主役なのですから、誰かのために生きるとか、誰かに従って生きる必要はありません。自分を尊重して、その働きを一生懸命こなしていく。そうすると、必要な人や物、状況が集まってきて、自分の使命をまっとうするような働きができる。「人生神劇」というのは、そういったことを示しているのではないでしょうか。

すべての人が神と同じ性質を持っていて、素晴らしい可能性や素晴らしい人生を歩むように、それぞれの必要な境遇のもとに生まれています。「親ガチャ」という言葉もありますが、そうではなくて、実はみんな親を選んで生まれてきていると私は思っています。

私たちは不幸に進んでいるのではなく、幸せになるようにこの世の中はなっている。そういう道理があり、秩序がある。ルールがある。それを信じて、私たちは明るく朗らかに、自分の人生を進んでいけばいいのです。

あとがき

最後までお読みいただき、ありがとうございました。

私たち人間は、自分たちのエゴでずいぶんと自然環境を破壊してきました。私も最初の頃は、「これだけ素晴らしい星に生まれておいて、人間だけがわがまま勝手をしている」と、憤りに似た気持ちを持っていました。

人間は、他の生物にはない創造性を持っている素晴らしい存在ではありますが、それがマイナスに働いている現状を知り、それを改善したいと思ったことが、倫理を学ぶきっかけとなりました。私が今回ご紹介している倫理法人会に参加したのは1995年ですが、それから学んでいくうちに、すべてがつながっていること、私たちの意識が現象を引き起こしていることを知りました。

私たちは、物事を善悪で判断したり、自分たちの利益を最優先してさまざまな主張をしたりしています。それは個人レベルから国家レベルまで、さまざまな規模で行われていることです。私は倫理を学んでいくにつれ、環境問題の啓発活動に加えて、「多くの人が、こうした調和されない状態を抱えている。それを調和に導く手伝いがしたい」と思い至るようになりました。

ところが、勉強が深まっていくほど、自分の家庭を調和しない方向に持っていっていたのが自分自身だったことが分かってきました。不調和の原因が自分の心のゆがみにあることを知り、それを正すということに向きあい続けた結果、妻との関係が変わり、不調和だらけだった子どもたちとの関係が変わっていったのです。

いまでは子どもたちも結婚して子どもが生まれて大所帯になりましたが、みな楽しく、いつも笑って過ごしています。

ただ、すぐに変わっていったわけではありません。ここまで来るのに10年以上かかりました。それでもまだまだ未熟なことも多く、これからも学び続けていくつもりです。

10年前は、なかなかこうした話は受け入れられる土壌がありませんでした。宗教のように思われて拒絶されたり、難しくて分からないと理解されないことも多かったように思います。

しかし最近では、「いい勉強会だね」と言ってくれる人たちが増えてきました。

本書のなかで、「101匹目の猿現象」を紹介しましたが、この原理がどんどん広まっていけば、やがては社会現象として、「ひび割れ」を修復できずに悩み、苦しんでいるたくさんの人の意識が幸せの方向に変わっていくのではないかと思っています。

ぜひ、お近くの倫理法人会の経営者モーニングセミナーに出席して『万人幸福の栞』を手に取り、学び実践してみてください。

『七つの原理』が多くの人に広がっていくことが、地球の調和、宇宙の調和にも大きく役に立つと信じています。

2023年3月

塩川哲郎

<著者略歴>

塩川哲郎（しおかわ てつろう）

株式会社Coach喜働　代表取締役社長。

1995年に鹿児島県倫理法人会に入会。単会の会長、鹿児島県の会長を経て、2008年より倫理法人会の母体組織である一般社団法人倫理研究所の法人局、法人スーパーバイザーに就任。

「人はなぜ幸せになれないのか？」を人生のテーマに掲げ、「人間関係の法則」について体験を含め、全国各地で講演をしている。辿り着いたのは、人間の原点は、「愛」と「恐れ」というたった２つの感情であるということ。そして、「その感情と、どう向かい合うか」とは、すなわち「自分の心とうまく付き合う技術」そのものであるという真理。

ライフワークとして、ひび割れた人間関係に悩むすべての皆様へ、倫理の教えに基づく「幸せに生きるためのヒント」を届けている。

いま、人間関係に悩んでいる

ひび割れさんの本

■発行日　令和5年4月25日　初版第一刷発行
■著者　塩川哲郎
■発行者　漆原亮太
■発行所　啓文社書房
〒160-0022　東京都新宿区新宿5-7-8　ランザン5ビル5F
電話 03-6709-8872　FAX 03-6709-8873
■発売所　株式会社啓文社

■編集協力　株式会社天才工場　吉田浩　上村雅代　金子千鶴代
■装丁　谷元将泰
■DTP　株式会社三協美術
■印刷･製本　株式会社 光邦

ISBN 978-4-89992-085-4　C0030　Printed in Japan